宝洁高效团队管理课

〔日〕高田诚 著
冷婷 译

中国华侨出版社

前言

此书不但讲述了我23年的宝洁工作生涯，还从宣传对外联络部部长这一职位出发，分析了宝洁公司之所以能够成功经营170余年的原因。通过对本书的阅读，您可以了解到宝洁公司最为“真实”的一面。

不过，这本书的目的并不是为了将宝洁公司宣传成为一个适合就职、跳槽的人气企业。宝洁公司不仅拥有最为合理且独具匠心的思考之法，还持有很有效果的技术之道。在我23年的工作生涯中，对此深有体会，也从中学习到了很多——这是宝洁成为超强公司并得以持续发展的秘密——我想它也一定能为各位读者带来深远的影响。

宝洁是一家实力雄厚的超强公司，拥有170余年的悠久历史，每位职员都以“改善消费者生活”为目标而努力工作着。

那么，每位职员又是以怎样的思维方式来实现目标的呢？上司又是以怎样的沟通技巧来引导部下的呢？经营者如何指导团队运作？对于宝洁来说，强大的经验、技术是170余年成长发展的保障，更是使职员能够轻松上手工作的护航法宝。

“想要提高自身技能的商务人士们”“渴望加强自身组织能力的管理人员们”“以全球商务为目标，促使企业展翅高飞的经营者们”：倘若这本书能给你们带来与众不同的灵感或启发，那么我将备感欣慰。

2011年1月　高田 诚

目录
CONTENTS

序言

了不起的宝洁公司／001

改变了日本市场／003

“宝洁式”理念和人才／007

出色的“沟通能力”／009

第一章　由沟通学会思考

① 宝洁式内部沟通法／003

沟通力的基础 / 003

“归纳为3点” / 007

它决定着商务成败 / 010

为什么是“3点” / 012

信息三角形 / 013

领导必备的“3点归纳”能力 / 016

让它成为一种习惯 / 017

② 时刻记得坚定目标／019

每天都要重复的“目的”及“理由” / 019

所有文件从“目的”开始记述 / 021

问自己两个问题 / 024

明确目标并非易事 / 026

③ 通过“问题表”紧抓焦点／029

“问题（Issue）”=论点・课题・问题点 / 029

让混乱不再存在 / 033

明确问题，并及时解决 / 034

第二章　消费者才是你真正的老板

① 老板是谁／039

口令是“消费者是老板（Consumer is Boss）” / 039

“在全球销售同一商品” / 041

剃须品与洗涤剂：如何平衡全球化与本地化 / 045

消费者与品牌之间的邂逅情愫 / 048

消臭剂的故事：如何制造出新的需求 / 049

我们都是消费者 / 051

成功建立信念 / 052

② 品牌建设／053

品牌的巨大价值 / 053

品牌建设的意义 / 056

③ 培养消费者的忠诚度／058

品牌意识 / 058

企业宣传：呈现企业最真实的一面 / 061

持续发展：经济与环境的对立关系 / 062

承担责任：不能走错一步 / 063

第三章　团队建设：信念的实行

① **所有员工为了一个目标／072**

目标：Improving Consumers' Lives / 072

目标的重要意义 / 074

认真阅读消费者的来信 / 077

三大要点须谨记 / 080

利益将跟随“目标”而来 / 081

一切以“目标”为重 / 082

② **Do The Right Thing（做正确的事）／083**

带着自豪感去工作 / 083

“The”所涵盖的信息 / 084

严格遵守法令 / 087

追求“准确的广告” / 088

宣传部的使命 / 091

严惩“不正确的事” / 092

③ **尊重每位职员／094**

“你很重要” / 094

为何女性更容易就职宝洁 / 097

上司的基本素养 / 099

工作与生活的平衡管理 / 101

第四章　从沟通方式上打造企业凝聚力

① 为何要使用英语／107

高效的业务沟通工具 / 107

英语交流的缺点 / 108

使用英语的好处 / 110

传达信息更为明确 / 112

提升了项目策划质量 / 117

平衡“中轴商务”与“陌生商务” / 119

打造团队凝聚力 / 123

② 从创造“知识”开始／124

企业就像一所大学校 / 124

“学习”的意识 / 126

“学习”的窍门 / 128

③ 走向世界的努力／130

抛弃“只顾自己”的想法 / 130

不准说诸如“这边”“那边”的言辞 / 131

成功打造全球性企业的三大秘诀 / 134

第五章　可持续发展：让大家拥有同一梦想

① “不做第二”／143

始终以“第一”为信念 / 143

中国宝洁迅猛成长的原因 / 146

共享成功正能量 / 147

小企业时期的优势 / 150

把优势发挥出来 / 152

② 我们是庞大的大象／153

“精简”及“高效”：规避大企业通病 / 153

“不束缚”的理念 / 155

继续描绘“S状曲线” / 158

不断超越自己 / 159

③ 凝聚每一个人的力量／165

我们在做的两件事 / 165

成就今日与培育下一代 / 167

自己应承担的责任 / 169

上司的重要任务 / 170

高效传达 / 171

后记 / 175

编后记 / 181

序言

了不起的宝洁公司

宝洁成立于1837年，总部设在美国俄亥俄州辛辛那提，由肥皂制造业者威廉·普洛斯和蜡烛制造业者詹姆斯·盖姆联手创办，且以小规模公司的角色登上了历史的舞台。19世纪30年代，美国正在向产业活性化的资本主义时代行进，而宝洁也受到了经济大环境的鼓舞。

现在，宝洁已成功发展成为一个全球年销售额高达800亿美元、在生活消费品领域独占风骚的大型企业。800亿美元的年销售额意味着它的产品已是大家日常生活不可或缺的元素，这个数字有着非常独特的意义。

洗涤剂、纸制品、洗发水等，都是数百日元的商品。它们在单价方面，与数百万日元的汽车商品存有差异。因此，800亿美元的巨大金额是建立在每天被大家选择的基础上，从支付的数美元、数百日元这种小金额一步步积攒起来的数字。

另外，宝洁现在已是在世界80多个国家设有分社、产品成功销售至180多个国家及地区的“全球性企业”。据统计，现加入联合国的国家及地区有190多个，而其销售范围已然扩散至180多个国家及地区，这真的是一个让人无比惊异的数字。并且，世界现有人口约为68亿，而正在使用宝洁产品的人数已有42亿。虽然大家的生活环境及生活习惯各不相同，文化价值观更是千差万别，但宝洁始终默默地支持着世界人民的生活，努力成为他们最佳的选择。

支撑这一事业的职员现有13万人，他们来自140多个不同的国家及地区，跟宝洁产品的用户一样，世界各地的职员有着自身与众不同的文化价值观。但是，这些来自140多个国家及地区的13万职员却持有一个共同的理念，为了这一理念，他们齐心协力共创宝洁美好的明天。正因为宝洁有着过人的管理技术，才能将有着各自特点的人才共聚一堂。

宝洁起源于一个叫作辛辛那提的地方城市，在170余年的层层历练中，公司的事业领域及对象市场不断扩大，旗下拥有的职员更是来自不同的国家及地区，他们欢聚在此，为宝洁的茁壮成长贡献着自己的力量。这并非偶然，更不是强大后台操控的结果。我想：宝洁之所以能够打造出今天这一宏伟的局面，独创的管理技术及贯彻彻底的企业文化是功不可没的。

改变了日本市场

日本的宝洁事业始于1973年。当时，其洗衣剂“全温度Cheer（洗好）”“液体洗涤剂Bonus”给日本国内的生活消费品市场带来了巨大的冲击。此外，婴儿纸尿布“Pampers（帮宝适）”也成功开辟了日本纸尿布的市场。

20世纪80年代一种名为“干燥网状物坐席”的最先进技术，改良了生理用品“护舒宝”的材料，即采用合成树脂性表面材料，这取得了巨大的成功。同时，在洗涤剂范畴中，结合蓝色活化剂技术的“Ariel（碧浪）”开始发售，该技术具有惊人的酸素系漂白剂功效。

较于其他同类产品而言，“Ariel（碧浪）”的漂白功力非同凡响，再加上其备受欢迎的除菌功效，成功获得了诸多家庭的广泛喜爱。

至20世纪90年代，“Dawn”开始发售。在以“护手”为宣传热点的厨房用洗涤剂市场中，以“超强去油渍”为卖点的“Dawn”，从新品发售开始连续三年被评为同类产品全日本销售No.1的产品。与此同时，众所周知的以玉米等为原材料研发出来新型纺织物洗涤剂“Febreze（除臭剂）”，依托环糊精除臭技术开辟出来的新型市场，满足了消费者“免洗除臭”的需求。

与之并行的是20世纪80年代后半期提出的全球性M&A战略，随着这一战略的实施，化妆品品牌“Max Factor（蜜丝佛陀）”“SK-II”、宠物食物品牌“AMS（爱慕思）”、剃须刀品牌“吉列”“布朗”、头发护理最大沙龙品牌“威娜”均被宝洁收购，成为其旗下品牌，宝洁商品也在这之后充实起来。

最近，宝洁对洗发水“潘婷”“h&s”、柔软润饰剂“Lenor（兰诺）”、洗衣机用洗涤剂“Bold（波特）”等品牌的推广力度也在逐渐加强。并且，在竞争激烈的销售市场中，以上品牌的销售成绩也非常可观（表1，见下页）。

然而，对于迅速成长的宝洁来说，日本市场绝对不是一个简单易操控的市场。那些历史悠久、技术精湛、市场营销力强大的日本企业仍然占据着日化用品中较多的市场份额。

而且，相对于其他国家的消费者而言，日本的消费者较

表1 宝洁的组织构成及主要商品

事业部 （年销售额比率）	部门	产品分类	年销售额高达5亿美元的 重点品牌
美容 （34%）	美容美发	化妆品 女性止汗剂 防臭剂 卸妆乳 女性剃毛护理 头发护理 染发剂 头发造型 香水 专业美发 肌肤护理	CoverGirl（封面女郎） SK-Ⅱ h&s 玉兰油 潘婷 威娜 Rejoice（飘柔） Boss Dolce & Gabbana（杜嘉班纳） Safeguard（舒肤佳）
	男性美容	美容家电 小型家电 剃刀/刀片 个人护理	布朗 锋隐 吉列 锋速3 Prestobarba
健康 （18%）	保健	阴道护理 肠胃药 排泄护理 个人用诊断药 呼吸器用产品 牙齿清洁 牙粉 净水器 其他护理	Always Crest（佳洁士） Aural B Tampax（丹碧斯） Prilosec Vicks

续表

事业部（年销售额比率）	部门	产品分类	年销售额高达5亿美元的重点品牌
	点心 &宠物护理	宠物护理 点心	AMS（爱慕思） Eukanuba（优卡） 品客薯片
日用（48%）	织物护理& 日用洗洁品	洗衣辅助剂 空气清新剂 电池 厨房用洗涤剂 柔软剂 洗衣用洗涤剂 家居护理	ACE Febreze 金霸王 Dawn Cascade Downy Bold (波特) Ariel（碧浪） 增益 汰渍 Dash（达诗） Mr. Clean Swiffer（速易洁）
	婴儿护理 &家庭护理	婴儿用臀部擦拭湿巾 纸尿布 纸巾 餐巾纸 厕所用手纸	帮宝适 Bounty Charmim

为苛刻。在日本的市场中，消费者追求的是完美无瑕的商品，而日本的企业也会根据这一需求周期性地调整商品的品质，力求达到令消费者满意的水准。

即便在这样的大环境下，宝洁仍可顺利投入新产品，并持续保持较高的市场占有率。在过去的25年中，其勇敢地接受来自其他同行企业的挑战，并最终以自己的实力不断提高市场的占有率（图1，见下页）。

为何在如此严峻的市场形势下，宝洁还能持续成长呢？我想，这与其与时俱进的革新技术是密不可分的。

“宝洁式”理念和人才

在日本，能把宝洁与“女性更容易就职”及“正在积极发挥女性作用”相互联想起来的人应该不多吧？企业自从采取“人才多样性及男女共同参与策划、积极投入工作”这一方针以来，便收到了诸多社会舆论的好评，并被选为“女性最容易就职”的第一企业（《日经妇女》杂志·2008年）。

事实上，越来越多的女性在其提供的这一平台上活跃、充实着。日本课长以上的职位，女性的平均占有率为7%，而在宝洁的占有率则远远超出其27%。此外，每年大约有100名女性职员申请妊娠、育儿假日，但假日结束后她们基本上都

图1 顺利提高占有率的宝洁

服装用合成洗涤剂的
占有率推移
1999年

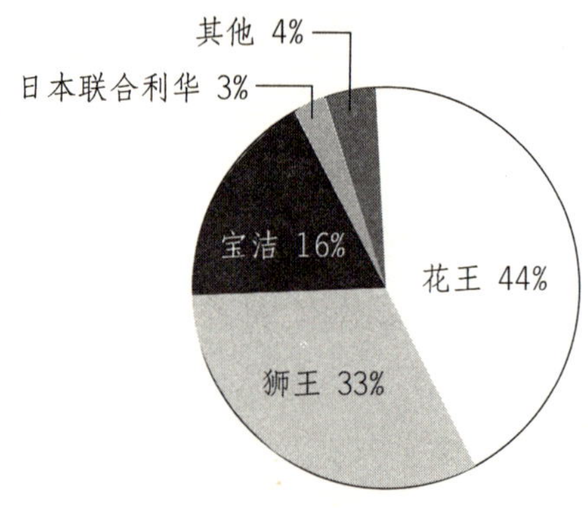

2009年

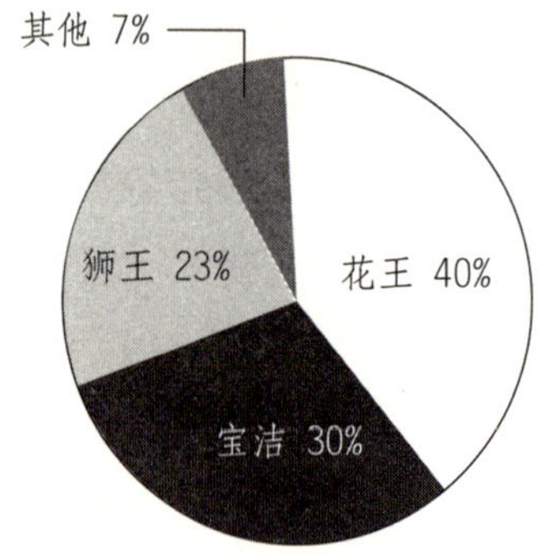

（数据出处：《日经产业新闻》；出货额统计出处：日本肥皂洗涤剂工业会）

会选择重新返回公司。

社会为了支援职场女性，至今尚未制定任何关怀女性的制度的企业时常被媒体报道。与其他企业相比，宝洁并没有设置某些支援女性的特别制度。可尽管如此，它却能够成为女性非常活跃的职场之一。这里不仅有不同水准却能完成各自使命的女性职员，还使女性职员能够在宝洁培养出独特的思维方式、掌握丰富的经验技术。

历年来，宝洁培养过无数优秀的人才。在诸多阅读此书的读者当中，是否也有曾经在宝洁工作过的人呢?

特别是B to C（以消费者为对象的商务），吸收了大量从宝洁跳槽的人才。从宝洁出来的人才在其他企业担任领导职务的我也知道不少。集宝洁思维方式及经验技术于一身的人们，为何能在其他商务领域及不同企业文化中生存呢？原因大概是：宝洁绝对是一个能够锻炼人才的好地方。

出色的“沟通能力”

那么，宝洁到底有何特别之处呢?

将世界各地人才凝聚起来的组织能力、新技术的开发、投入到多样市场中的柔软性、女性职员的录用……

虽然有很多课题都曾介绍过宝洁优秀出色的经验技术，但我想从最大的共通之处，即“沟通能力”切入，将最为清晰明了的宝洁呈现给大家。

所谓的“沟通能力”，给人的第一印象不外乎就是“传达能力”。对于宝洁来说，一切交流皆从“明确当下使命”开始，然后才是“传达信息”，以及“是否彻底实施”。

宝洁通过提高职员的“沟通能力”，逐步激发出个人发展潜力，最后实现市场销售的成功。正因如此，宝洁才能持续成长。

01

第一章

由沟通学会思考

对于宝洁来说，通过激发每位职员的潜力，让公司走向成功之路的做法不仅非常明确，也尤为重要。与此同时，为了达成激发每位职员内在潜力这一目标，宝洁会对每位职员进行沟通方式的教导。也就是说，在宝洁，每位职员必须拥有优异的沟通能力。

① 宝洁式内部沟通法

沟通力的基础

每个人都在努力追求的沟通能力，其基础是“条理化能力”。对于沟通能力来说，最关键的要素是内容。在宝洁，会被大家关注的是，将自己的想法条理化的能力。

因此，从某种程度上来说，宝洁其实是一个偏向于条理性的公司。我想：这一说法似乎更为恰如其分。良好的条理性不仅是宝洁企业团队的基础文化，亦是一名团队领导者必须具备的重要技能。宝洁通过个人训练，把每位职员都塑造成了一个条理性强的人才。

下面首先为大家介绍的是，宝洁提高职员条理性沟通能力的手段。

所有内容都归纳为3点

“无论何时，话题都请归纳为3点。”

大多数新职员都曾被上司这样教导过。

我们甚至可以这样说，通过观察一个人能否将内容归纳为3点，便可判断这个人是否是合格的宝洁职员。

认真汇总信息、严谨传达必要内容是最为普通的思维方式。然而，上司则要求每位职员必须将内容“归纳为3点”。

“无论何时何地，无论何种内容信息，都请将其归纳为3点。”

一开始，我们并不知道具体该如何归纳。

下面以举例的形式为大家讲述宝洁所要求的内部信息交流法。

例如，向上司汇报由自己负责的新产品销售状况时，可以将汇报内容作出以下形式的整理：

1. 这次新产品的销售额及销售数量推移与预想相当。

2. 已确认商品特征是否明确传达宗旨。

3. 下周开始非限量购买，因此下周是一个非常紧要的周期。

例如，向各相关部门说明日程变更时，可以将汇报内容作出以下形式的整理：

1. 本次计划被延迟了6个月。

2. 打算让本次计划与海外计划一同携手并行，目的是为了提高效率。

3. 打算利用这6个月，修订营销计划。

例如，报告新商品消费者满意程度调查结果时，可以将汇报内容作出以下形式的整理：

1. 新商品概念的评价并不十分理想。

2. 必须将商品机能特征再度具体化。

3. 消费者已提出明确需求，因此可确认商品概念的定位有误。

例如，说服上司，让自己参加公司外部研修时，可以将汇报内容作出以下形式的整理：

1. 下周，东京有一场使用最尖端社会媒体进行营销的研讨会。

2. 参加研讨会须支付相关费用，您看是否可以申请参加？

3. 从研讨会学成归来后，会将成果汇总后介绍给大家。

例如，因孩子生病，必须请假时，可以将汇报内容作出以下形式的整理：

1. 非常抱歉！我今天恐怕无法来公司上班了。

2. 因为孩子发高烧。

3. 明天会正常出勤。

像以上将所要传达的信息归纳为3点的做法是宝洁日常交流的精髓。并且，因情况不同，这3点的构成也可能发生变化。

例如，提出结论并希望获得认可时，需要介绍以下方面的情况：

1. 背景。

2. 结论。

3. 理由。

向上司汇报状况，并传达自己意见时，则需要说明下列要素：

1. 结论。

2. 理由。

3. 今后的计划。

总之，总结出来的要点皆因情境的不同而不同。

请大家也试着将主要信息归纳为3点陈述吧！如此，想要传达的信息是不是变得异常清晰？

如此，不需要其他方式便可让对方在最短的时间内准确把握信息。大家只要记住：无论何时都将信息归纳为3点即可。这3点必须涵盖所有应该传达的内容，换言之，这3点必须是集成一切必要信息，且极富条理性的。所以，掌握这一归纳技术是重中之重。

为了练就以上思考能力及沟通能力，极具效果的训练自然必不可少。想要让阐述变得足够清晰有条理，就应踏踏实实学会这项技能。

“归纳为3点”

当我刚进入研究开发本部时，担任的是产品经理一职，主要负责新产品日本市场导入这一领域。我的工作搭档是负责营销计划及品牌商务管理的品牌经理。我们每天都会联系，给新产品作定位，并按照具体的计划推进工作。

我的沟通技能就是在与这位品牌经理不断讨论的基础上练就的。作为前辈，我的搭档只比我早入社一年，但他却能让刚进公司的我在短时间内迅速上手。可想而知，就在这短暂的一年当中，他已然扎扎实实掌握了沟通术的基本技巧。

当时，我的工作地点与前辈不在同一个地方，电话是我们交流的重要工具。

图2 “归纳为3点”的思考过程

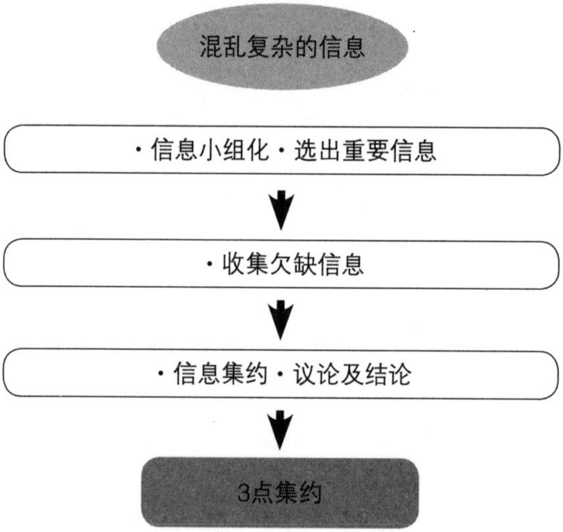

混乱复杂的信息

· 信息小组化 · 选出重要信息

↓

· 收集欠缺信息

↓

· 信息集约 · 议论及结论

↓

3点集约

为了确保计划能够按部就班地推进，我每天都要跟前辈通电话。那时，我渴望提高自己的沟通能力，更希望能尽快与前辈一样，说话干净利落、一语中的、浅显易懂。善于沟通的人，其实非常了解那些不会沟通的人的心理。通过沟通交流，前辈一眼即可识别我是一个立即能够上手的新人还是一个教不会的新人。

那时的我，在给前辈打电话之前总会重复同一件事。那便是将今天想要传达的内容及话语“分3点”写在纸上。虽然我大体上知道自己想说什么，但即便如此，我仍会梳理之后将其归纳为3点，并写出来。

这件事情让我明白了一个道理，即所谓的“3点归纳”技术需要反复反复再反复，只有每天不间断地训练才能熟练掌握。此外，每天的训练还为我的信息整理能力打下了扎实的基础。即便是现在，我也仍然保持着“3点归纳”这一良好习惯。

对我来说，还有一个非常重大的课题。那便是当前辈在电话中提出问题时，我该如何清清楚楚给出答复。

“你认为那个怎么样？”

被这样问及时，我会作出如下反应：尽量明确自己的现有信息、表达自己的判断、说明作出该判断的理由。其实，这也是所谓的“3点归纳”交流术。类似情况时常出现在电话交流中，我也因此每天都在努力着。在回答问题时，我会尽量加速脑力运转，在脑中形成3点要素后迅速作出答复。

我已经记不起这一行为重复了多少次，但它确实产生了非常明显的效果。通过训练，我能越来越快地汇总重要信息并进行有条理的阐述。

总而言之，反复彻底的训练可以让条理性思考变得越发灵敏。

通过训练成就的这一技能时常让我在工作中大显身手。无论是向高层管理人员提计划意见之时，还是就计划与部下进行交谈之时，“3点归纳”这一沟通术可谓无处不在。只要我们按照“迅速开动大脑、明确现有信息、表达自己的想法、简单清晰阐述这一想法的理由”的思路与对方沟通，总会取得令人意想不到的成果。

它决定着商务成败

对于内部信息沟通法来说，“有条理地整理要点”是最为关键的一步。仅凭自我意识，不对要点加以整理的话，是达不到良好的沟通这一目的的。

在此之前，想必大家都曾有过胡乱瞎侃的经历吧。那时的对话，是不是连自己都不明白自己在说些什么呢?

当然，不同情境的话，沟通的模式也会有所差异，对于那些必须有沟通效果的商务洽谈来说，整理要点、有条理地阐述，将决定洽谈的成功与否。

越是状况复杂的时候，“3点归纳”越有效果

越是状况复杂、难以明白的时候，“3点归纳”的效果就越发显著。当团队陷入信息混乱这一泥潭时，亦是最浪费时间之时。想要尽早摆脱这一混乱局面的话，就应尽早明确把握现状，并将自己握有的信息及时反馈给上司及相关部门。这一过程非同寻常，亦是对我们自身能力的考验。

譬如，当团队内部出现某问题时，局面定然会陷入混乱。

此时，一旦有人将非重要信息列入重要行列并将之汇报给团队的话，团队不但会将这一信息立即视为必要问题，还会投入过多精力去解决，如此一来，问题反倒越发纠结难解。

这时，简明扼要地汇总现状才是首要任务，目的是要让大家形成统一的认识。如果自身拥有这样的技能，包括上司、相关部门、高层管理人员在内，你都可凭借一己之力把他们带向“正轨”。而此时，“3点归纳”的沟通术则可起到举足轻重的作用。

1. 问题的本质是什么？

2. 会给业务带来何种程度的冲击？

3. 今后应该如何应对解决？

要像这样进行归纳，才能达到认识统一的目的。随着团队解决力度的加大，业务也终将迈向成功。

为什么是“3点”

那么，为何魔力数字会是“3”呢？其实，我还并未见过有谁针对这一问题进行过系统的说明。但是，从沟通手法这一角度加以思考的话，“3点归纳”这一说法是合情合理的。

首先，3点可以给人不会太过复杂的印象。对于交流来说非常重要的一点是——阐述对方可以理解的内容。倘若内容太过复杂，即便经过条理性的整理，仍有四五个要点的话，会给对方的理解造成一定的障碍及困扰。

反之，倘若要点简明精辟，只有3点的话，对方不仅立即就能吸收，还会对说话者产生一种“信息处理得当”的良好印象。此外，也不会因为要点太过单薄，让人感觉“太过简单”。

其次，就全局来说，3点能够起到有效平衡的作用。它不仅能在各要点之间轻松建立联系，还能组合成最适宜的构成。

总而言之，数字“3”的由来并非偶然，正因为它有相当合理的理由，才能被大家认可。

信息三角形

其实，宣传及交流等专门领域在接受媒体采访时，也常常会采用将信息归纳为3点的手法。

在大型企业中，宣传部通常都要为社长接受媒体采访作好准备。而在诸多准备工作当中，一种名为“信息三角形”的发言表则必不可少。这里的“信息三角形”并不是为社长准备发言稿，而是为社长的发言列出3个要点，即制作一种版面布局为“3点=三角形”的发言资料。如此一来，社长便可手执该资料，一边确认自己发言的要点一边接受媒体的采访（图3，见下页）。

当公司将信息传达给对方时，特别是面对报道记者的提问或对方明显有意将话题引入不同的方向时，传达及回复的方向常常就在被列举的3大要点中。如此，这一“3大信息集约”型的手法便会向我们展现它极为有益的一面。对于为何是3点，正如前文所述，因为3点既不过于复杂又不过于简单，还能起到有效平衡的作用。

这是沟通专家时常使用的方法，如能在每天的工作当中对其加以运用的话，想必你的沟通能力一定能更上一层楼，甚至达到非常出色的境地。

虽然以下只是一些闲话，但也很有必要讲一下。当政治

图3 信息三角形

模板（定型格式）

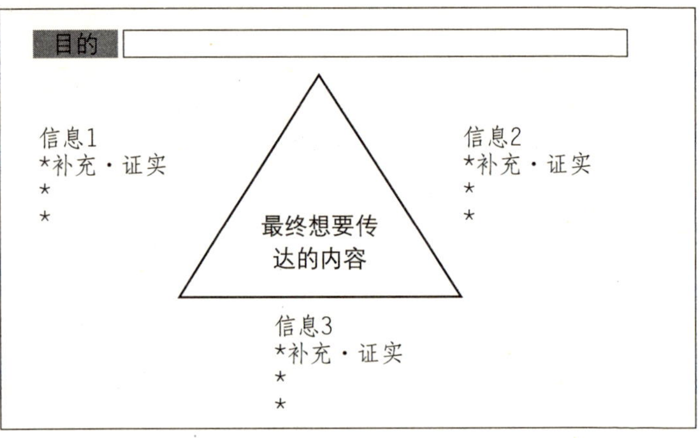

例 我的宝洁离职报告信息三角形

目的：向团队成员准确传达本人离职的原因

对于离职表示遗憾，但梦想踏入第二人生

憧憬即将到来的“第二人生”
・利用自己所学回报社会（培养人才，培养团队、技能、可持续性、社会及企业的关系）；
・开始创业，迎接新一轮的挑战。

当下、此时
・当下是“最后”的奋斗年龄；
・是团队面向新挑战的时刻；
・自信努力，继续培养新领导。

宝洁是个了不起的公司
・不轻易下结论；
・今后的所思所为均是宝洁教授给我的；
・这里聚集着一大批优秀的人才。对于即将离开宝洁的自己，深表遗憾。

家出现丑闻，接受媒体追究采访时，如能站在自己的立场，用3点归纳法澄清解释的话，效果要明显好于那些毫无章理、思绪混乱的人。越是紧急时刻，越应该将即将阐述的内容明确归纳为3点。3点归纳的沟通技巧在某一程度上决定了视听者对自己留下印象的好坏。同理，工作当中亦是如此。

养成“3点归纳”的良好习惯，自信大胆地阐述观点

日本人不太喜欢在公众场合表述自己的意见，我想，最大的原因还在于“他们不想过度模仿”吧。这也是日本人特有的气质，难道不是吗？然而，他们之所以不愿意这么做，还存有另外一个原因。因为他们事先并未整理好自己的思路，所以才避于表述。在日本，大家一起表述意见的现象并不受欢迎，因此，很多人的潜意识中都认为表述意见是非必要的行为。有了这一想法之后，大家也就自然而然不会去事先思考、整理自己的意见了。因为没有思考、整理，所以才不去表述。因为不去表述，所以才会失去发言的机会。

我觉得大家就是这样，才会陷入恶性循环中无法清醒。

就拿我个人来说吧，在养成“3点归纳”这一习惯之后，凡事总会事先在脑中精密梳理一遍。经过认真整理之后，意见开始形成，当然，自信也会随之而来。如果自己能对即将阐述的内容作好充分准备，相信大家能够理解的话，就可避

免被人驳回、被人羞辱的凄惨场面。

同时，如能对信息进行系统性整理的话，不但会给人留下“这个人是有仔细思考过”的良好印象，还能帮助自己有中心有条理有目的地进行阐述。当自己阐述完意见及观点之后，对方定然也会提出反馈性意见，如此一来，便是一种自我提高、精益求精的绝佳机会。

因“被要求提意见而感到为难软弱”时，往往正是脑子一片空白之时。此时，建议大家不要过于惊慌，尝试着静下心来慢慢整理一遍，这样做至少可以帮助当事人简单明了地表达自己的观点。综上所述，“3点归纳”的习惯具有增强自信的魔力。

领导必备的“3点归纳”能力

“3点归纳”这一训练的成果并不仅限于增强自信，从理论上来说，“3点归纳”还能帮助我们在团队当中提高自身价值的潜能。换言之，可以帮助我们晋级领导职位，统筹整个部门。

带领团队摆脱困境、继续向前的能力是每位团体领导都在追求的素养。

20世纪90年代中期，宝洁以日本为据点开始向中国市场进军。当时，我担当的是日本洗涤剂开发团队的经理。某天，我被产品开发本部的上层领导叫去，他说希望我能负责中国市场的开发，那句话至今我仍记忆犹新：

“中国的计划现在很是混乱，我希望你能Soft Out这一切。”

所谓的“Soft Out”，就是整理的意思。产品计划首领的第一使命便是整理。而当时，那位上层领导就是这样对我说的。

实际工作中确实要从整理入手。那时的我完全不明白其他人到底在做些什么，只是感觉眼前有一大堆的问题没有解决，而每个人所做的事又都非常茫然零散。

我的使命就是梳理现状，明确应该做的事情。在完成这一使命的过程中，我发现自己之前努力练就的“3点归纳”能力真的非常有用，其切切实实是领导不可或缺的第一能力。

让它成为一种习惯

最近，邮件作为一种商务沟通手段开始逐渐活跃起来，书写沟通的方式也变得越发频繁。如仔细观察，你会发现，其实比起口语交流，书面交流更需要过硬的梳理能力。（当然，这只是针对商务沟通的分析，并不是邮件比电话更具沟通力的意思。）

在书写邮件时，我时常会自我评估，即确认自己是否有表明意图。

通过一段时间的历练，我发现似乎“书写”更有利于“3点归纳”的养成。“3点归纳”的训练不需要任何人的协助即可完成。自己书写，自己理解，自己完善。唯有如此这般反复，才能锻炼出将重要信息归纳为3点的能力。接着，我们才能去步步为营地与对方进行沟通，让工作进展得更顺利。

读到这里，您感觉如何呢？如若让您将读后感归纳为3点的话，您会如何整理呢？

现在，如有什么想法或提案想向上司传达表述的话，您是否会事先将其归纳为3点呢？

请大家尽快尝试吧！

另外，在“3点归纳”成为思考“习惯”之前，请不要放弃努力哦。

② 时刻记得坚定目标

每天都要重复的“目的”及“理由”

最近，在政治世界里，如有新鲜事情发生的话，媒体定然会一直追问并作出评价，这属于事业分类。

“该活动的目的是什么？”

“请说明一下理由！”

还不习惯被这样提问的政府工作人员应该会感到很为难吧。但不管什么事情，都有一定的目的性。对于团队来说更是如此，目的不明确的活动是无法实行的。看到那些回答不出目的的政府人员，我着实有种失望的感觉。连目的都不明确的话，就请不要浪费税金！把钱投入到没有理由的活动当中，这样是否妥当，我深表质疑。

不过，换位思考一下，例如，当自己在说明某项业务时，被问及“该活动的目的是什么”我们能立即给出答案吗？再或者，被要求“请说明选择这一方法的理由”时，我们能给出合理的说明吗？其实，每天当我们投入到工作中去时，并未认真想过必须这样做的理由，大多数时候只是自然而然地就去做了，这才是较为普遍的工作状态。这样看来，被突然问及目的或理由，却回答不上来的情况也就不足为奇了。

关于这一点，宝洁有着它别具一格的作风。虽然宝洁也有不同的事业分类，但公司内部无论哪个角落每天都在重复着一件事情。

“这次新产品开发的目的是什么？”

“这份销售促进企划的目的是什么？”

“为什么认为这样做可以为社会作出贡献？”

“此次会议的目的是什么？”

在政治世界中，因事业分类存有对立，所以，通常都是问的这方具有攻击性，答的那方具有防御性。与此同时，答的这方还很有可能会将攻击性转移至问的那方，简而言之，就是以牙还牙。倘若这一行为发生在企业内部，只会让团队之间相互对立、无法协调。

在宝洁，争论一般都是以“互相帮助”为前提，从文字来看的话，问题可能会比较严肃且带有攻击性，但问题的根本都是为了“企业能够走向成功”。

因此，在宝洁，询问目的及理由的问题是正当的问题，是理所当然的问题，是应该得到答复的问题。而争论更是一项具有建设性意义的行为。

所有文件从“目的”开始记述

目的对于宝洁来说，是一个至关重要的元素。

“所有的活动都必须具有目的性。”

“只开展带有目的性的活动。”

每位职员都持有这样的意识。

如若落实到具体形式的话，所有文件必须从明确的目的开始记述，这就是最好的证明。

即便是企划书也一样，紧接企划标题的内容必然是“目的”。也就是说，企划者必须在企划书的最前面明确写上这份企划所要达成的目的到底是什么。

调查也不例外，在调查报告上必须具体写上“为了调查毫无头绪的事情”“为了确认某个假设”等阐述目的的文字。

不确认目的的话，计划将无法进行

当然，每个企业的企划及活动策划案都有它们明确的目的。那么，在这方面，宝洁又有哪些与众不同的地方呢？我想：最大的不同还在于宝洁对目的关注的彻底度吧。

下面是宝洁上司与部下极为典型的一小段争论。

部下："代理店送来一份这样的企划，我认为很有意思，可以推进，您看是否可行？"

上司："虽然比较有意思，但是，我认为还是从公司角度出发，好好想想到底是为了什么才推进这份企划会比较好吧！"

一份企划是否具有魅力，对于一个经验十足的部门来说，凭直觉大致作出判断并非难事。但是，宝洁的职员必须持有这样一个意识，那便是倘若上司尚未确认目的的话，计划就不能推进实施。

因此，作为部下首先必须明确企划的目的，其次便是向上司提出一份给代理店企划明确定位的计划。

将立场对调的话，类似争论也时有发生。

上司："那份在美国大获成功的企划，我们日本这边也采用吧！"

部下："好的。但是我会事先确定这份针对美国市场的企划目的何在，然后把它与我们的目的相对比，看看是否一致。"

此外，负责人之间也会发生同样的争论。例如，双方在讨论杂志广告企划时，总会出现我认为这个好，他认为那个好的现象，总之，负责人之间意见出现分歧的场面也很多见。而最终能够充当抉择角色的只有目的，即双方停止争论，重新回到原点，认真思考哪个更符合目的。

越是意见分歧的时候，越应该明确目的

那么，为何宝洁要如此重视目的呢？因为这就是宝洁系统性推进工作的“思维方式”及“文化”。

宝洁的所有活动，都必须明确其目的所在。然后在目的的基础上，思考应该付出的行动，可以说这是一个非常“直线性的理论”。

正是受这一直线性理论的影响，才应明确所有活动的意义，以及所有活动应该采取何种形式才能为公司带来利益。

先明确目的再确定活动内容，因为只有良好的结果才能衬托方法的有效性。这是宝洁在过去170余年当中摸索出来的宝贵经验，也正因如此，宝洁才会如此注重目的的彻底性。

对于沟通来说，明确目的有着非常重大的益处。当计划负责人齐聚一堂开展讨论时，类似“具体应该如何做”的细微点会消耗他们很多精力。并且，如若大家都只是各执己见的话，现场很容易因想法的不一致而陷入冷战的僵局。

当意见无法达成一致，议论出现分歧的时候，其实就是各人目的大相径庭的时候。

此时，各位成员都企图从自己的想法及立场出发，说服对方同意自己的观点，从而推进活动。却因为大家目的不一致，导致议论出现分歧，根本无法达成一致。

总而言之，只有当目的被明确化时，团队意见才能得以统一，议论方可达成一致。当议论达成一致时，所提出的建议才有价值，计划的质量方能得到提高。

当目的被明确化，大家才会直奔主题想方设法达到目标，一旦建议多了，提高活动质量的选项也就随之增多了。比起一个人单独思考，大家一起思考的效果要明显高出不少，其实，这样也有利于目的的实现。总之，众人拾柴火焰高，在大家共同的努力下，计划定然会更具价值（图4，见下图）。

问自己两个问题

从另一个角度思考的话，确认目的的理念可以帮助我们避免一些不必要的工作，即可帮助我们将主要精力投入重要活动。

图4 明确"目的"有助于工作的顺利进行

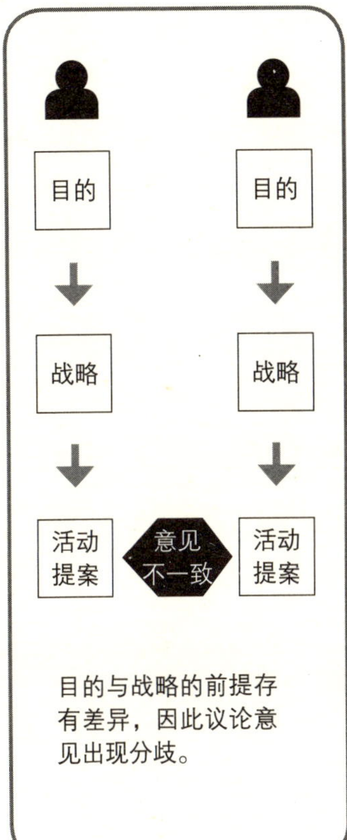

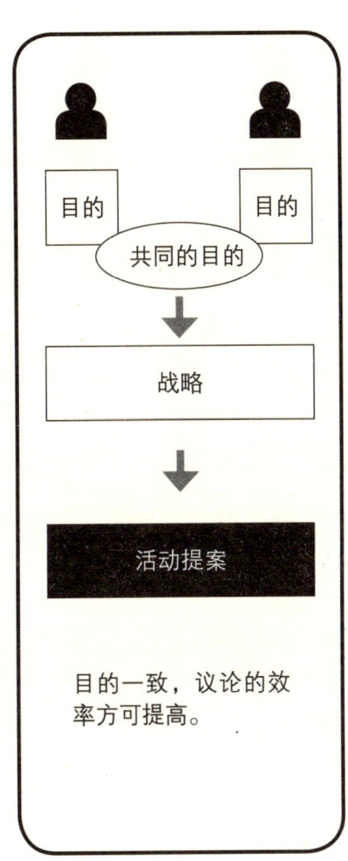

“这项活动的目的是什么？”

“该目的是否正确？”

虽然这两个问题与谈及事业分类时提到的问题大同小异，但大家如能将这两个问题落实好，时常扪心自问，反复思考确认的话，就会立即发现哪些是毫无意义的活动，哪些才是真正应该着手去做的活动。如此一来，工作质量想不得到提高恐怕也不大可能吧。

另外，作为上司，也请记得时常向部下提这两个问题。因为这样可以帮助部下再次确认自己工作的目的，减少不必要的事情的出现率，尽量把精力都投入到重要工作当中去。

明确目标并非易事

要做到紧扣目的，我们需要努力提高自己明确目的的能力。并不是把目的写出来即可，能否迅速清楚给其下定义才是重中之重。我们也可把这一过程称之为条理化能力的训练。

我在宝洁工作时，为了给目的下定义，不知花费了多少时间。计划来源于商务需求，因此，我只能在各种周边状况基础上，提出一个大体上的方针。目的的确定需要以诸多具体性项目为前提，而此时，纸和笔便成了十分重要的道具。我时常是先写出自己的想法，再慢慢将目的具体化。

该工作看似简单，实则并非如此。它需要一步一步确定目的的不足性，并努力思考加以完善，这就是所谓的条理性能力训练。而现有的高超能力也是在之前的反反复复删减添加中历练出来的（图5，见下图）。

“现在正在筹划的活动目的是什么？”

“明天会议的目的是什么？”

能否立即写出来呢？很多时候，我们思考了很久却迟迟无法明确。尽管如此，花时间将目的明确化是十分必要的，它确实可以给我们带来极大的商务价值。

即便不使用书写的训练方式也没有关系。最为重要的是要学会挖掘，然后再试着努力去明确目的。认真思考，全面思考，直到与自己定义的目的相契合为止。如此这般颠倒反复，便能练就“明确目的”的能力。

如能将这一能力运用到日常的沟通中去，想来我们的工作一定会收获圆满。

图5 彻底明确“目的”需要花费时间

这次计划的目的是什么?

“新产品的目的是为了改良现行商品。”

这样定义未免过于笼统。
所谓的“改良”，是要改良什么呢?

“新产品的目的是为了改良肌肤护理的效果。”

还是不够具体。
“改良”的目标是什么?
“肌肤护理效果”是指什么样的效果?

“新产品的目的是为了加强保湿效果，并且与其他产品相比，要让用户明显感觉效果更胜一筹。”

如此一来目的就相当具体了，接下来该做什么想必也已十分明确。

③ 通过“问题表”紧抓焦点

“问题（Issue）”=论点·课题·问题点

宝洁有很多属于自己的“宝洁语言”。由于宝洁使用英语的职员较多，因此，即便在日语会话时也会或多或少掺入一些非常便利的英语单词。这些单词都是含有特殊意义的英语单词。

在“宝洁语言”当中，有一个叫作“问题（Issue）”的单词。普通英语对话中的“Issue”是发行、出版的意思。

但是，宝洁会话中的“Issue”却另有其意，根据不同情况，它分别可以代表“论点”“课题”“问题点”这三层意思。我想，对于那些有商务管理学习经验的人来说，这个单词并不陌生吧。这个单词在宝洁的使用率非常频繁，也正是这个单词，给宝洁的工作带来了与众不同的效率。

例如，当好几个人聚在一起商讨时，很容易出现“这也是问题，那也是问题”的混乱现象，此时最好的缓解之法就是单刀直入地追问：“那么Issue是什么呢？”

另外，当部下感到困惑并特地来与上司讨教时，上司也会使用这一词语提高效率。

部下："前任负责人已辞职，至今仍未招人填补空缺，而且其他同事工作也很繁忙，现在加班的次数越来越多，我非常困扰。"

上司："是我之前疏忽了这个问题，看来现在必须解决了，那么Issue是什么呢？"

在讨论品牌营销及商务计划时也同样可以使用这一单词。比如说，从其他品牌调动过来的新品牌经理可以尝试着这样问助理："针对该品牌，我们已经研制出了多套营销方案，但是市场占有率却始终没有上调的趋势，请问Issue到底出在哪里？"

"问题表"的手法

为何要如此频繁地使用"Issue"这一单词呢？因为该单词可以帮助我们明确论点及问题点，防止误投宝贵精力，尽快找出解决的对策。一旦课题明确了，便只须琢磨最为有效的解决之法即可。

各位读者，大家也可以参照自己的以往经历好好想一想。当一项业务出现巨大问题，如何应对都无法改善时，定然还会引发其他很多问题。明明非常清楚应该做点什么，但却不知从何下手。明明知道有问题发生，却寻找不到解决的对策。

只要细细分析一下，就会发现之所以会出现这种状况，主要还是因为“Issue”不够明确，即真正的课题、论点、问题点是什么不够明确，得出这一分析结果，只要认真思考一下，自然就会明确。并且，一旦明确以上三点，解决的对策也将闪现。

我们将利用明确“Issue”，导出解决之策的方法称之为“问题表”，这是一个非常简单的方法论。

“问题表”是有格式的，不需要我们再去作其他细小的决定。只要明确课题、论点、问题点，就能找到思维的方向，总结对应之法。这是问题表的理念。

我们可以通过纸上分析的方式，直接挑明当下自己应该做的事情，进而制订出妥善的活动计划。

具体说来，就是首先在最顶部写上“Issue”，然后给其下定义。这里我们可以通过画方框的方式给予强调。

其次，确认与之相对应的重要背景及状况。

最后，针对问题分别制订战略及活动计划（表2，见下页）。

表2 问题表

Issue：

（尽量做到既详尽又简洁。1～2行即可。）

背景：

- （为了让大家对现状达成统一共识的信息，尽量简洁化。）
-
-

结论（或者提案）

理由（或者详细）

*（必须具有说服力）

*

*

今后的对策

*

让混乱不再存在

宝洁在设计衣物清洁剂时，为了保持纤维颜色的鲜亮度，研制出了非常出色的亮色技术。当这一技术开始被商品化时，将其全球化的推进提案也随之诞生。那么，该技术应采取何种战略才能成功全球化呢？我想这是个非常重大关键的转折点。为了将这一技术引入全球化进程，宝洁特地组合了一个全球化团队，成员全是高瞻远瞩的领导人员，可是，在好几次的“全球化会议”中，成员之间都因各持己见分道扬镳。

有人提出应该先将技术投入到清洁剂中，然后再去跟用户确认效果，得出价位设置稍高也能被广大用户接受并积极采购的意见。也有人主张应该先将技术与清洁剂的完成品相配合，使得消费者最终因为商品理念而认可该商品。由于该技术的应用范围较广，因此商品化的战略也陷入了极度混乱中。

经过数月的争论之后，计划的主要策划者为了说服上层领导，写了一份问题表，而最终混乱也因这份问题表得以理清。

这位策划者的“Issue”定义如下：“洗涤进行到哪一步时需要运用该技术？”这真是一个既简短又着实令人恍然大

悟的问题表。看到这行字时产生的巨大冲击，令我至今仍然难以忘怀。

对于公司来说，应该解决的课题、论点既不是“应该如何将技术投入到洗涤中去”，亦不是“该技术是否能够为我们带来崭新的洗涤品牌”。各国、各部门领导，应该考虑的课题、论点是“这是洗涤第几步的技术”才对，该问题吸引了大家的注意力，只须整理数据，便可制定出最为准确的商品化战略。

我想，这是问题表轻松缓解大混乱的最佳实例。

明确问题，并及时解决

无论哪一行业，无论何种职位，对于商务人士来说，明确问题的能力一定是项非常重要的技能。

工作的推进伴随着一个个问题的解决，而解决问题的关键就在于“明确问题”这一能力。

几年前，有一个职员向当时宝洁的CEO提问，那位CEO回答的一字一句我仍记忆犹新。

职员向CEO提问道：“您认为怎样的人才算是优秀的领导？”CEO回复说：“面对诸多状况，能够明确问题并及时处理的人。”

这句话亦是宝洁商务走向成功的关键所在。通过“宝洁语言”，宝洁职员“明确问题”的能力正在逐步提高。

那么，要怎么做才能掌握这项技能呢?

该技能的掌握同样需要训练。换言之，就是要时常自己尝试着做这件事。一边自问“问题在哪里”，一边试着写出问题。然后我们便可以严格具体地评判自己，例如写出来的问题是否准确等。

就这样反反复复，直到自己真正掌握为止。重复再重复是掌握该项技能的唯一方法，换言之，如此反复定然可以掌握“明确问题”的技能。

阅读此书的各位读者，想必你们在每天的工作业务中，也一定有过陷入混乱的经历吧?

上司这么说，上司的上司却那么说，而相关部门又是另外一种截然不同的说法。就像疏导交通秩序一样，如遇到类似情况，建议大家不妨试着写写问题表。

对问题明确下定义、商量解决问题的办法、打破混乱的局面、大家齐心协力共同寻求出路，请各位按照这样的顺序尝试一回吧!

本书提及的方法，都是本人在宝洁工作期间不断实践得来的交流真谛。如图6所示，“3点归纳法”“明确目的法”“明确问题法”，请大家务必将这三大方法谨记于心，并尝试着运用到每天的工作中去。

图6 强化理论沟通能力的方法（第1章小结）

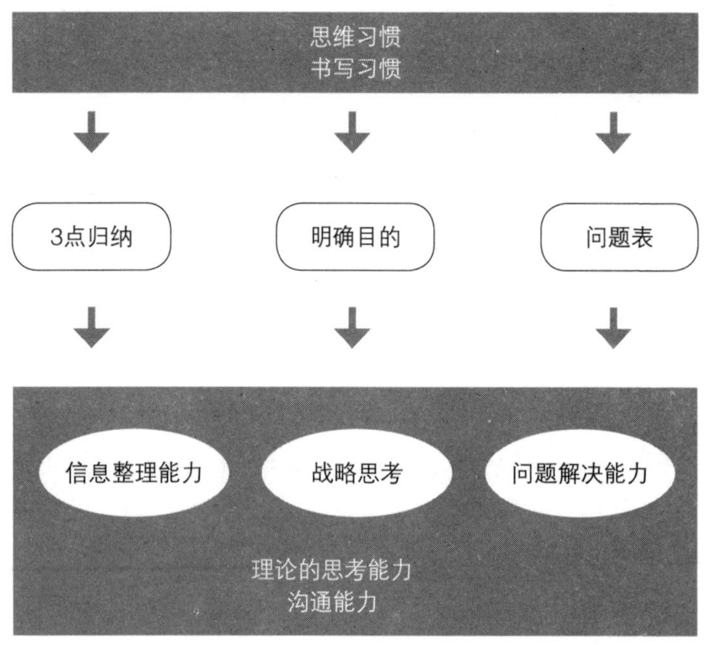

02

第　二　章

消费者才是你真正的老板

众所周知，宝洁的营销技术非常出色。它的出色并不仅限于营销广告的策划。在与市场进行对话时，宝洁总会遵循其一贯的作风——“消费者是老板”。这既是宝洁的经验技术，又是宝洁得以持续发展下去的成功秘诀。

① 老板是谁

口令是“消费者是老板（Consumer is Boss）”

在宝洁，有这样一句话时常被提及，那就是“Consumer is Boss”。这句话就是“一切为消费者服务”的意思。我想在以消费者为对象经营的企业当中，以这句话为公司宗旨的应该数不胜数。那么，宝洁在这方面又有哪些与众不同的地方呢？

我认为最大的不同就是——宝洁的每位职员都十分秉信这句话，并能切切实实将其落实到实处。

这句话对于宝洁的商务展开有着非常重要的意义，甚至可以说它是决定宝洁业务方向的指向标。

下面就为大家列举一个事例。

计划负责人从介绍新商品的两份提案中选出了一份自己认为比较好的提案，并将自己的意见及决定报告给上司时说：

“在这两份提案中，我比较推荐这份提案，您看是否可行？”

上司回复道：

“你的老板是谁？”

此时，气氛一度陷入尴尬。

（是我说了什么失礼的言辞吗？

还是说我应该向更上级的领导反映？）

但是，部下发现上司并未表现出任何愤怒的样子。

“我知道了。我这就去采访消费者，确认哪份提案才是他们为之心动的提案。”

也许您会觉得这不大可能，但很多宝洁职员都有过类似的经历。

这是一种从消费者角度出发换位思考的争论。

从商品的机能、颜色、香味、包装设计、广告设计到网站信息的设置等方面，只要是与消费者相关的项目，都会以消费者的需求为基准，加以抉择。宝洁从不会让某一个上司从自己的想法出发作出判断，一切决策都是结合消费者数据的产物。这一做法也一直支撑着宝洁走到今天。

在公司这一团体当中，看上司脸色行事、讨好上司的行为屡见不鲜。但宝洁的上司却是这样说的：

“你们不必想着如何讨好我，只要想方设法讨好消费者就可以了。”

“在全球销售同一商品”

20世纪90年代中期以后，宝洁开始逐步摸索如何通过产品战略构筑品牌、如何完成正式的全球化过程、如何成为一家世界最成功的消费品制造企业。为了达成这些愿想，宝洁开始大刀阔斧地改革，从之前的“当地主义手法”慢慢向“全球化”过渡。

在此之前，宝洁的做法是：一个国家的商品就由那个国家的开发本部去研制，商品的营销计划也是由那个国家的营销团队根据自己国家的实情去制订。虽然公司名称都是宝洁，但各国的宝洁其实都是独立存在的个体。

由于大家都有一套属于自己的管理方案，因此，“全球市场”的梦想并未实现，甚至可以说大家的管理效率都不太理想。

为了提高自身的商业效率，从世界全球化产业中脱颖而出，公司提出了“在全球销售同一商品”的想法。当时很多全球化榜样企业，例如饮料生产厂家及IT相关制造商的商品均无异地性，也就是说无论哪个国家都在开发同样的产品，以同样的包装出现在当地市场上，甚至连销售手段也几乎毫无差异。

但那时宝洁的商品却是各有千秋，就拿日本洗涤剂“Ariel（碧浪）”来说吧，它是在日本开发，由日本研发队员独立研制出来的商品。与日本的“Ariel（碧浪）”相比，欧洲的“Ariel（碧浪）”只是与其同名罢了，产品的配方等各方面与日本的完全不一样。按理说，日本的经济状况及生活水平与美国、西欧是非常相近的，但是为何类似市场却要出售不同的商品呢？为何各国制定的销售战略迥然有别呢？

对于整个公司来说，这真的是一个不容忽视的重大问题。

宝洁首先创立了不同事业的全球组织，并按照国家及地区的等级制度，给各组织制定了不同的等级制度。然后在这些组织体制的基础上，向“全球计划”这一目标进发。

当然，在完成这一重组之前，宝洁已然是一个全球化的企业，并积极地活跃在世界各地的市场上。例如，倘若对洗涤剂的分子有一个更深入的了解，那么洗涤剂的洗净能力能否比当下增强几倍？世界上最适合用来制作吸收剂的素材是什么？全球是一个巨大的市场，需要投入的研究开发费用也相对较多，在这样的情境下，宝洁不仅能够提高利润回收成本，还能循环利用，继续基础技术的研究开发。很多划时代的技术研究，宝洁都将其变为了事实。

然而，所谓的“全球化”与宝洁当前取得的成果却不尽相同。“全球化”的目的是“在全球销售同一商品”，即给所有消费者提供差别无二的商品。譬如，全世界只有一款“Ariel（碧浪）”洗涤剂，各国之间唯一的差别只是标签语言的不同罢了。全球销售的厨房洗涤剂“Dawn”亦是如此，它们含有的成分必须保证绝对相同。

一个开发团队既要开发出万国共通的商品，还要采取各地同样的营销手法去进行销售，并逐步达成效率向上、利益扩大的宏伟目标。公司可以利用盈利的余额去实现再投资，在全球展开更多的事业，这才是大家最终的愿景。

在宝洁工作的那段时间，我时常会陷入新产品开发不尽如人意的困苦漩涡，但也正是这样的经历，让我学到了最最宝贵的东西。那便是：虽然企业有着提供万国共通商品的理想，但现实却是困难重重。硕大的世界市场，各地区有着各不相同的商品需求，使用宝洁商品的消费者也背负着千差万别的生活环境及目的。而宝洁却需要提供让消费者满意且愿意去选择的商品。宝洁今后能否走向全球化，并不在于能否制造出全世界统一的产品，而在于能否满足世界各地消费者多样化的需求。

从“一切为了消费者”到“消费者是老板”

正因为宝洁可以提供让所有消费者随心选择的产品，才能一直发展至今。

“一切为了消费者”的想法既是宝洁的创业理念，也是任何时候都能给予向导的海航灯。很多企业在发展时，会受到尽快实现全球化这一理想的干扰，从而敷衍对待商品开发。

然而，宝洁却一直秉承“一切为了消费者”的理念，即便面对全球化这一进程，它也从未忘本。为了谨记创业理念，宝洁诞生了这样一句话——“消费者是老板”。

不久后，这句话也成为了企业中一切思考、判断的指向标，大家全部尽力将其贯彻到底。也就是说，不管公司如何发展，公司成员的思维方式都不会发生任何变化，与最初的原点始终保持着一致。这句话诞生后，即便面对真正的全球化进程，宝洁也从未脱离以消费者需求为先的大前提。自始至终，世界各地的宝洁都以“消费者是老板”为宗旨，积极向上地拓展业务。

在极端全球化的环境下，我们必须懂得创新。其实，世界各地的消费者完全不一样的说法显得有些绝对化，因为所有消费者追求的水准几乎是一致的。因此，产品及营销手段也不必太过改变，总而言之，根据商品范畴的不同，一种商品广销全球的做法还是值得考虑的。

剃须品与洗涤剂：如何平衡全球化与本地化

在这之后，宝洁开始一边进军全球化，一边以“消费者是老板”为理念，在世界各地大规模抢占市场。

以剃须品牌“吉列”为例，剃须时不会伤到肌肤是大多数消费者的需求，这与产品的使用环境及国家、地域的面积大小毫无关联。因此，只要在这一范畴中，开发出比世界其他同类商品更为出色的商品即可。

但洗涤剂却是一种必须多样化的商品。有偏向于手洗的国家，也有偏向于机洗的国家，甚至还有其他更多不同习惯的国家。对于手洗国家来说，洗涤剂必须具备保护手部肌肤的功能。而对于那些机洗的国家来说，每户人家洗衣机的性能、形式，以及个人的洗衣习惯等又存在着各式各样的差别。

欧洲主要使用圆筒式洗衣机，将高浓度洗涤剂倒入少量水中，不仅需要保持洗衣液的温度，而且洗衣的时间也较长。而日本则主要使用全自动洗衣机，大量的自来水加上高强度的搅拌，并不需要保持温度，花费的时间也较短。此外，虽然美国的洗衣机与日本大致接近，但洗衣条件却更像是欧洲与日本的结合。

同时，去渍强度也因每个国家生活环境的不同而不同。日本的孩子上学时都穿白色的袜子，鞋子里面时常会混入学校操场的沙砾。在发达国家中，日本孩子的袜子是最脏的。美国及欧洲的校园多以草坪为主，比起泥渍，草渍及油腻食物的污渍才是应该被重视的对象。

另外，每个国家洗衣服时使用的自来水也不一样。日本自来水的镁钙含量较少，因此被称为软水。而欧洲及美国则恰巧相反，因镁钙含量较多，所以被称为硬水。为了达到最好的洗涤效果，这些差异都不容忽视，洗涤剂的成分也自然会有差异。

总而言之，仅凭上述这些差异，想在世界各地统一销售一款商品是绝对不可能的事情，因为它无法满足所有洗衣老板（消费者）的需求。除此之外，每个国家及地区消费者对颜色、香味的喜好，以及其他必要附加功能的选择也各不相同。正因为这些不同，才要因地制宜，根据各国老板的不同呼声，开发能够满足他们需求的产品，简而言之，就是必须本地化作业。

做到平衡全球化及本地化，这是通往成功的关键。

比起其他商品，我列举的这两个商品是较为极端的代表。通过阅读，不知大家领会了多少。

上面这些感想都是消费者教授给我的事实。

消费者的需求

那么，我们要如何倾听老板（消费者）的呼声呢？消费者调查技术及对消费者需求的理解能力是支撑宝洁持续发展的中流砥柱。

正如宝洁主页显示的一样，公司每年会投资3.5亿美元用来进行消费者调查，据统计，世界任何企业在这方面的投资均不如宝洁。

所花费金额的多少并不是重点，重要的是，这些投资都用在了什么项目上。

调查有“量的调查”和“质的调查”之分。

所谓“量的调查”，一般是为了把握消费者的基本生活环境及生活习惯，或关于新产品试制品及商品理念等方面与现有商品进行比较而进行的调查。其调查手法主要以记述式和电话访问式为主，在市场问卷上选择“是、否”，或进行5阶段评价后，统计数值并将其数据化。

所谓“质的调查”，主要以一对一，或小组对面式为主，根据情况的不同，会以邮寄的形式寄送类似日记的记录，目的是为了从诸多疑问对答中得到各方面的信息。

一般说来，质的调查规模较小，量的调查规模较大，因此，企业如不大金额投资的话，量的调查几乎无法开展。我们可以根据量的调查，即持有的消费者数据量，来判断该企业消费者调查能力的高低。但量的调查属于基本技术，几乎人人都可进行。问完后立即给出答复的调查，想必大多数企业均可做到。因此，决定胜负的关键还在于是否能通过质的调查技术，比其他企业更了解消费者。

消费者与品牌之间的邂逅情愫

比起量的调查，质的调查更能反映消费者心底的需求。要如何引出消费者平时无法表现出来的需求，或者说平时没有注意到的需求，才是最关键的技术。此时，我们可以利用心理学方法，进行深度、深度、再深度的挖掘。

而对于那些喜欢并正在使用某洗发水的人来说，如单纯问其使用的理由，想必对方基本上都会作出诸如“总感觉还不错”或“貌似还蛮喜欢的”之类的“敷衍”回答。他们之所以会这样回答，是因为消费者对商品的喜欢是在无意识状态下形成的，因此无法立即给出较为有建设性的答复。

为了探明消费者内心深处真实的想法，我们应大致调查如下几个问题：是在怎样的契机下开始使用的？他们对商品的第一印象如何？在选择这款商品之前，是否有与其他商品进行对比？等等。通过对当时状况及消费者心理状态的确认，我们可以初步了解消费者与品牌之间的邂逅情愫。

如此一来，既可获取自己公司品牌的信息，为该品牌今后的创新提供参考，又可截取其他公司的品牌信息，为战胜其他公司品牌提供有力证据。

消臭剂的故事：如何制造出新的需求

此外，质的调查还有一个非常重要的作用，那便是当销售范围扩大时，可帮助确定消费者未被满足的需求。

一切企业为了解决消费者不被满足的需求，均会立即推出新商品或新服务。而一旦这些被具体化推出后，那些曾经被勒紧的需求也随之明确化。

真正的胜负从此开始。为什么这么说呢？因为那些曾经被消费者勒紧的需求，或者说消费者没有想到的需求当中藏有新的附加价值，换句话说，这里面藏有潜力巨大的商机。

宝洁正在历练以上调查的能力。他们与商品周边的消费者对接，分析消费者在生活中的言行。有时还会尝试类似家庭访问的实态调查，或者观察店内、街头动态一整天，甚至好几天。通过如此缜密多样的调查，便加大了摸索到消费者下一个需求的可能。

像这样，通过质的调查诞生出来的商品，往往可以带给消费者巨大的惊喜。为了让大家更容易理解，我将列举一个名为“Febreze”消臭剂的例子。

不管进行多少次量的调查，我相信都无法给开发者带来该商品的灵感。这是一款从未有过的商品，这是一款谁都不曾料及的商品，但它却存有“潜在的需求”。很多人家中都有某些想洗却洗不了或很难洗的东西，这就是消费者勒紧的需求，是从未想过可以解决的需求。

东西之所以要洗，那是因为它出现了臭味，这是比污渍还要让人无法容忍的事情，而这也正是不洗不行的臭味需求。

引发心底的新需求后，将该机能商品化，开辟全新市场的庞大业务便诞生了。这不是凭空便能想象出来的商机，它必须以理解消费者，即“老板”为前提。

我们都是消费者

为何宝洁理解消费者的能力如此出色呢?

它的秘密武器是——“消费者眼线”。

其实我们本身也是“一名消费者”，因此，对于我们的生活来说有用的东西，必然也会给消费者的生活带来帮助。

我们在家里也要洗衣洗碗，也常常会体验各种商品。所以，我们不妨在其他竞争公司发售新商品时立即购买试用。这种小小的努力，与职务无关，所有职员都可实践。虽然这只是一件非常简单的事情，但我们可以通过这件事情，把作为消费者体验后得到的感受引用到作为商务人士的工作当中去，这是作出正确判断的捷径。

关于职位，在宝洁有这样一句话：“即便遇到‘伟人’，也不把其当作‘伟人’。”受这句话的影响，大家作为一名消费者继续努力着。

拿纸尿布“帮宝适”来说吧，在制订该计划时，已为人母的职员便可多多反映妈妈们的需求及价值观。不管多么优秀的管理人员，如没有实际的经历，都是无法获得消费者实感的。

此时，已为人母的年轻部下便成为了上司的“老板”。正因为宝洁有着每个职员自发提出意见的企业文化，它才能如此活力四射。

不断的技术革新

我们可以通过倾听消费者心声这一方式展开市场与消费者之间的沟通。这种心声有助于下一代新商品的孕育。

倾听消费者心声不仅可以帮助公司革新技术，还能给公司每位职员带来自豪感。

当我还在产品开发本部就职时，曾多次有幸与各行各业的技术开发人员碰面切磋。在我印象中，曾经有一个人在自我介绍后作了这样一组令人刻骨铭心的业务说明：

“洗涤剂还有研究的余地吗？”

“那是自然！”

虽然已经过去了15年，但洗衣时我们还是会遇到很多洗不掉的污渍。在我们的生活中，还有很多未被满足的需求。因此，还有很多技术需要被革新。换言之，技术革新能够为宝洁的继续成长保驾护航。

成功建立信念

倘若只是将“Consumer is Boss——消费者是老板”这句话写在看板上的话，那便失去了它原本的意义。唯有相信这句话、反复将其运用到实际活动当中，才能体现它的真正含义。

前文有向大家提出“老板是谁”的疑问，作为宝洁的职员，我们有必要反复提醒自己老板是消费者。这不是外界强加给我们的观念，而是我们自主获取的销售真谛。我们不应该按照企业要求生产产品，而应在消费者实际需求的基础上进行研发。虽然在以消费者为对象的B to C商务中，这是一个非常简单的道理，但不以其作为理念的企业却大量存在。

② 品牌建设

品牌的巨大价值

宝洁的市场营销手段可以作为市场营销学的典型的范本，被大家深入学习。然而，这里我只为大家讲解一点，那便是宝洁从不称自己“营销力强”。其实，宝洁最强项的地方在于“品牌建设”。在市场营销学中，“品牌建设=打造自身黄金品牌”显得尤为重要。

宝洁拥有23个销售额高达10亿美元的品牌。培养黄金品牌、集中经营资源是其最为明确的战略。

品牌具有与消费者沟通交流，即紧紧集合消费者心理的意义。站在消费者角度来说，品牌代表了一种“约定”。宝洁一直希望无论何种场合，企业品牌都能展现其最为明确的理念，并且绝不辜负消费者的期待。

从20世纪80年代开始，宝洁积极扩大美容护理业务。虽然从前的宝洁总是给人一种生产洗涤剂及纸制品的企业印象，但当下其化妆品、肌肤护理、洗发水等美容相关产业的销售额占据了全球份额的34%（2010年度）（参照表1）。

在强化美容业务的同时，宝洁的品牌建设能力也被成功历练了出来。

现在，请大家不妨回想一下自己喜欢的美容相关品牌（包括男性在内）及肥皂品牌。例如，您知晓的肥皂品牌是哪家厂家生产的？该品牌是何时出现在市场上的？等等。如果实在记不清楚的话，也可拿起自己正在使用的肥皂确认一下。不管怎样，相信大家给出的答案一定很多。

同时，想必迷恋美容相关品牌的消费者也是大有人在。或许那些被选择的品牌与消费者自身的生活风格较为一致吧。倘若有人向你提出“请介绍这一品牌”的要求，你是不是有很多感想想要表达？

为什么会出现这样的现象呢？那是因为美容品牌的选择

基本上都是以多项选择中反复斟酌比较为前提的，并且，相对于肥皂来说，美容商品的个人化要素更强。很多人会在无意识间收集某品牌的相关信息，通过慎重思考，即该品牌是否适合自己，然后再决定成为该品牌的用户。

电视广告、产品代言人、对照片视频的印象、包装、说明书、宣传手册、朋友的意见、杂志评价、网站信息、店员印象等都是左右消费者选择某品牌的因素，消费者在对这些信息进行评估的同时，是否购买的决定也就形成了。

总而言之，想要创造出美容相关的黄金品牌，就必须与消费者进行彻底的交流沟通，消费者的需求就是品牌诞生的理念。这样的做法可以拉近品牌与用户的距离，为黄金品牌的打造打下扎实的基础。

例如，亚洲的重量级化妆品牌“SK-II”，在用户群中的品牌信赖度极高，亦即该品牌与用户的关系非常紧密。“SK-II”之所以这么成功，首先它的效果、品质定然非同凡响。其次，网站、杂志、店面宣传册等的推销方式也不容忽视。最后也是最关键的原因，该品牌的理念融合了消费者最直接、最确切的需求。为了满足消费者的需求，为了充分表现该品牌的世界观，宝洁还独自开发了一项新技术。

过去，宝洁一直通过15秒或30秒的电视广告，向消费者介绍实际使用时的商品功能，并传达肥皂及洗涤剂长期以来的使用评论。然而，通过美容相关业务，宝洁确立了自己的品牌建设技术。自此之后，宝洁的所有品牌都应用了该项技术。

品牌理念涵盖消费者需求是宝洁品牌建设的重要手段，它建立在与消费者亲密沟通的基础之上，是最具战略效果的方式。

品牌建设的意义

下面为大家介绍一个本人亲自参与的具体品牌建设事例，该品牌建设是我和另外一个非常出色的朋友共同完成的。从某种程度上说，这是我们高水平品牌建设的一次实践，它与市场营销不同，甚至要更明确化。

我们希望在“消费者是老板”这一理念的基础上，打造出可供更多消费者选择的品牌。于是，我们首先对商品的周边信息进行了收集。其实大多数公司在产品研发阶段都会采取这一方式，即向专家讨教，了解产品自身的专业知识。

就拿纸尿布“帮宝适”来说吧，除纸尿布本身之外，研发人员还须了解婴儿的成长过程、睡眠注意事项、运动意义、妈妈身体的变化等其他知识。此时，最专业的人士莫过于产科及小儿科医生了。

生理用品“护舒宝”亦是如此，研发人员必须了解女性荷尔蒙循环给女性身体带来了怎样的变化。

换作宠物食品“AMS（爱慕思）”，研发人员不仅要掌握宠物的专门营养学知识，还应向饲养人员确认宠物健康状态。

除此，大家知道为何梅雨时节衣物会变臭吗？我们应该如何应对呢？为了预防衣物变臭，我们应该采取什么样的措施？等等。这些都是研发人员应该去收集的信息。

以上都是传统营销模式无法获取的信息，而15秒或30秒的电视广告也只能让消费者对商品的包装有所了解，总之，信息的对换非常有限。

如今，宝洁正在实施的品牌建设这一措施，为增进销售商与消费者之间的了解作出了重要的贡献。通过沟通，不仅能够获得研发信息，还能给品牌带来其他价值，其中最最重要的价值就是周边信息的社会价值。

“帮宝适”品牌传达的是保证婴儿睡眠的重大信息，因为倘若婴儿能够睡眠安稳的话，将有利于婴儿的健康成长。“护舒宝”品牌不但诠释了荷尔蒙循环给女性身心带来的变化，还提供了让女性更欢快、舒适地度过经期的保障。而“爱慕思”品牌则可让主人在宠物生病之前发现健康问题，及时前往动物医院与兽医进行交流确认。

还有，即便是在梅雨季节，我们的衣物也不会再变臭了。

开展具有社会性价值信息收集的活动，往往需要公司以外诸多人员的协助。对于专家来说，他们非常希望将这些信息传达给消费者。而作为杂志、电视、网站媒体的编辑制作人员来说，他们也非常希望将这些信息传达给读者、视听者。作为营销手段，企业不应仅限于广告活动，他们应该借机与消费者进行沟通，创造社会性的价值。

这既是一门“社会市场营销学”，又是一门“交流市场营销学”，我们应该思考品牌的社会性，积极创造社会价值，强化品牌实力。

③ 培养消费者的忠诚度

品牌意识

最近，宝洁的企业宣传方向正在逐步发生着转变。

正如前文所述，宝洁一直在开展品牌建设的事业，但宝洁公司自身之前却并未被品牌化。虽然作了不少企业宣传，但那仅仅是为了赢得投资者和消费者的信赖。而现在，以消费者为对象的企业宣传主要以“宝洁企业品牌建设”为主。

例如，在美国，普通消费者中有很多人并不熟悉宝洁这一公司名。

他们认为“帮宝适”就是“帮宝适”公司的产品，“汰渍”就是“汰渍”公司的产品，“Downy”就是“Downy”公司的产品。也就是说，他们把生产该产品的公司名与商品名对号入座了。

知道宝洁这一公司名的差不多仅限业内相关人士或华尔街人士。“这些商品都由一个名为宝洁的公司统一发售”的概念几乎不存在。欧洲消费者对宝洁的了解程度与美国基本相同。欧洲人在品牌与企业名称相关联这一问题上非常慎重。虽然他们可能对宝洁这个公司名称稍有印象，却无法将其与某品牌相结合起来。

亚洲这边的情况截然不同。亚洲人对商品的信赖基本上都源于对企业的信赖，亦即如是自己信赖的企业出售的商品，那我就会给予该商品同样的信赖。对于日本人来说，这一情结更是“严重”。然而，美国人及欧洲人只信赖品牌旗下的商品，并不会过多在意商品的制造企业。我想：之所以会有这样的差别，可能与美国及欧洲市场品牌所有者时常变更有关吧。

如今，宝洁开始广泛宣传自己的名称，消费者的观念也在逐步被矫正。

为什么会有所改变呢？

其实主要是受社交媒介的影响，包括微博、SNS、推特等任何人都可以参与的网络空间。在此之前，大部分的宣传都是由企业单方面完成，消费者即便有什么评论，也只能告诉家人或朋友。但现在就完全不一样了，通过社会媒体，消费者的声音被扩大化。

当企业出现问题，受到影响的消费者便通过社交媒介，发泄自己的不满与愤怒，并向企业追责。尔后，当更多消费者看到企业针对问题作出的反应、拿出的对策后，也会对企业进行“正面”或“负面”的评价。目前日本受社交媒介影响被严厉非难的大型企业并不多，顶多只是一些较小规模的私人公司。但欧美的形势却如排山倒海（最近日本也有类似倾向）。

随着市场环境的变化，欧美消费者也开始在意商品身后的“企业到底长什么样子”，他们也非常渴望了解该企业是否值得信赖。当问题爆发，企业的解释却存有出入时，消费者会去主动观察这是恶劣企业日常活动的冰山一角，还是值得信赖的企业偶尔出现了失误。

对企业而言，能否获得消费者的深度信赖，能否成功挽回之前因失误而被曲解的良好形象，都取决于宣传活动是否到位。

企业宣传：呈现企业最真实的一面

当下，企业宣传是一项十分重要的社会活动，对于宝洁来说亦不例外。在“消费者是老板”这一理念的指导下，宝洁大力推动企业宣传这一活动。其后，便需要效果性的沟通了。而且，对于欧美来说，亚洲的经验也是值得借鉴参考的。

在日本，消费者很早就已经开始非常关注并试图了解企业。最近数年，消费者更是关心企业环境的对应及企业对社会作出的贡献大小，简而言之，消费者关心的就是所谓的企业“可持续性”。

很多企业连忙开展之前从未开展过的企业广告活动，并试图临阵磨枪，瞬间提高企业形象。但想让消费者对企业品牌刻骨铭心的话，就必须将企业最真实的一面展现给大家。如宣传的企业形象与实际情况不符的话，俘获消费者倾心的可能性便只能为零。有句俗话叫作“纸包不住火”，企图用薄纸掩人耳目的行为注定会失败。消费者和社会想要了解的是企业的本质，试图花重金通过广告打造企业美好形象的做法永远也换不来消费者和社会的信赖。

面对社会，企业必须拥有自己的理念及担负责任的决心，在实践的过程中，必须说到做到，表里如一。

持续发展：经济与环境的对立关系

宝洁之所以能够存续170余年，“持续发展”的方针是不容忽视的理由之一。

“①企业必须对经济作出贡献。”

“②企业必须考虑到对环境造成的影响，并积极采取对策解决。”

“③企业必须担当起解决社会问题的责任。”

宝洁一直以来都非常重视这三条底线，并一直坚持积极实践。

事实上，日本这边并没有过分强调这三条底线。因为在这三条底线当中，日本更注重“守护环境”这个一元化底线，为了保全环境，问题的解决方案必然会返回到经济政策上。例如，政府出台的暖气削减对策，必然会给经济带来巨大的冲击及不安。

一般说来，经济与环境问题只能区分讨论，甚至有时两者之间会萌发各种矛盾。

最近日本某大新闻单位报道，为了促进经济活性化发展，高速路段开始实行免费行驶政策以增加交通量，可以说，这是一项与暖气削减政策针锋相对的新政策。然而，我们原本应该追求的是环境与社会经济的共同发展。

所谓持续发展，就是说各要素应保持平衡发展、共达目标（图7，见下页）。

承担责任：不能走错一步

对于消费品制造商来说，在环境方面采取的措施是否得当，是决定公司存亡的重大要素。换言之，倘若企业生产的洗涤剂成分未经分解便直接从废水区流入江河大海的话，这必然会成为一个阻碍企业发展的巨大问题。倘若将一次性纸尿布大量销售给焚烧设备并不齐全的发展中国家，消费者用完后只能将纸尿布扔弃在市内，也会给环境造成很大影响。对于生产化学制品、增加垃圾数量的企业来说，我们有责任协助社会一同解决问题，尽量减少给环境带来的负荷。

进入宝洁工作前，一次亲身经历让我深刻地明白了产品与环境的利害关系。

那时，我的职责是开发洗涤剂新配方。通过各种试验，我最后选择了一种成分配合率较高，且洗净能力超强的配方。然而，就在该配方即将以改良配方的身份进入市场时，环境负责人给我们喊了一声Stop，并解释说“该配方会引发环境问题”。

我解释说：“但是，倘若其他制造厂家紧跟步伐开发了同样的产品，并有了100%市场占有率的话，当然我只是假设。”环境负责人说：“就算你现在将这一改良产品投入市

图7 可持续性发展的要素

"让每个人都能过上美好的生活。"

Sustainability

实现可持续发展社会的三大底线

保全环境	发展经济	担当社会责任，解决问题
·保护大自然，尤其是水资源 ·珍惜使用有限资源 ·减少废弃物及排出物	·雇用更多的人，给这些人及其家庭提供更好的生活 ·严格遵守纳税制度，回报社会	·为了健康卫生的生活，研发出更高品质的产品，扩大知识面 ·尊重所有人，协助共创和谐社会

（摘自宝洁主页）

场，也不一定会占有100%的市场份额。而且我不认为其他竞争公司会发售这种对环境不利的产品。”就这样，我与环境负责人交涉了很久，最终双方都无法互相理解。

宝洁对环境这部分的思考也非常缜密。在宝洁工作期间，我学到了“即便不会成为最直接的问题，也绝不能走错一步”的理念。

宝洁在2010年9月，提出了“Long-Term Sustainability Visioin”的环境愿景。其内容至今仍有着非常重大的意义。

- 使用可再生或可利用原料。
- 不生产必须掩埋的垃圾。

大型公司，能作出这样的约定，真的是太了不起了。从今天开始，让我们共同见证吧！

将“能够作出的社会贡献”实践到底

宝洁正在积极编写为世界作出贡献的程序，而且，与“消费者是老板”一样，这一想法已经投入实践。这并不是单纯为了公司自身的发展而设定的构想，而是为了满足“老板”及社会的需求所作出的贡献。当然，最重要的是宝洁愿意为社会作出贡献并努力实践的行为。正如前文为大家介绍的一样，“帮宝适”“护舒宝”“AMS（爱慕思）”等品牌开展的信息获取活动也是其中的一环，向“老板=消费者”确认需求信息，与为其作出贡献是一脉相承的。

宝洁根据自身的状态，在日本开展了两项活动，一项是“支援职业女性”，另外一项是“针对孩子的可持续教育”。

所谓的女性支援，就是说在女性录用方面，采取比其他日企更为宽松优厚的政策，并通过传授其经验技术这一方式回报社会。男女共同参与局第一代局长坂东真理子老师现已担任“工作与育儿咨询中心”的理事长NPO法人，并全面支持着这项工作的完成。除此之外，宝洁日本神户总社的职员也积极报名加入志愿者行列，奔走于每场研讨会中。

至于另外一项“针对孩子的可持续教育”活动，宝洁在现有水环境知识及生活信息的基础上，派遣员工向孩子和老师教授世界水问题、地域水供给系统、家庭节水意识等知识，并受到了他们的热烈欢迎。

我们必须找到社会需求与公司自身能力之间的契合点，只有这样，才能真正通过活动，为社会创造价值。目前，提倡为社会作出贡献的公司越来越多，这是个令人欣慰的趋势，但我希望这些企业能够理论联系实际，用实际行动展现他们最为纯洁的初衷（图8，见下页）。

图8 与老板（消费者）之间的交流构造图
（第2章小结）

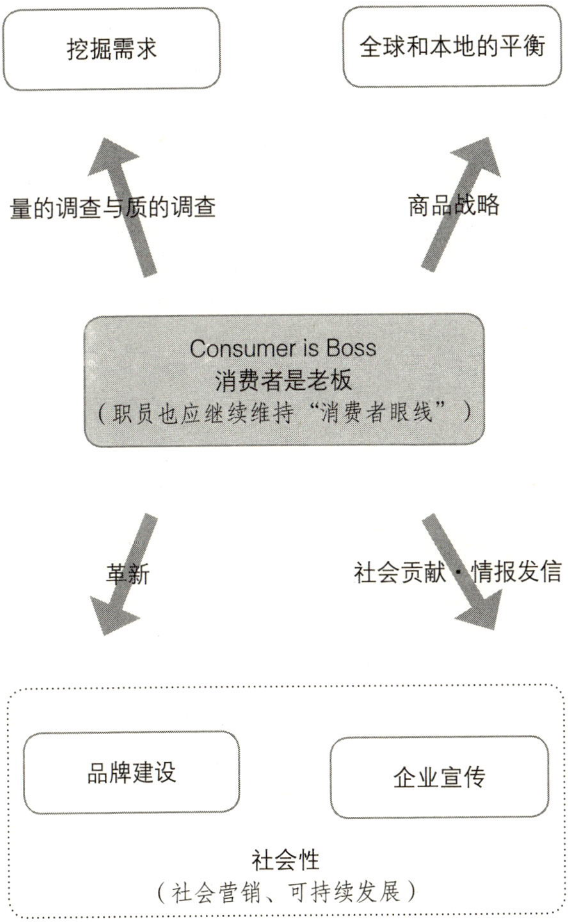

挖掘需求

全球和本地的平衡

量的调查与质的调查

商品战略

Consumer is Boss
消费者是老板
（职员也应继续维持“消费者眼线”）

革新

社会贡献·情报发信

品牌建设

企业宣传

社会性
（社会营销、可持续发展）

03

第　三　章

团队建设：信念的实行

在序言中我提到，宝洁当下拥有13万来自不同国家、持有各种文化及不同价值观的职员。为了让企业组织机能充分发挥，宝洁采取的是全体职员朝一个“企业目标”共同努力进发的管理措施。

宝洁为公司职员打造了具有明确表现力的工作标语。包括管理人员在内的所有职员都会将这些标语有意识地运用到每天的业务当中去，为业务的实际操作保驾护航。这些标语现已成为宝洁的企业文化，在日复一日的工作中反复被贯彻。

这一章节主要为大家介绍的是：宝洁的企业管理能力及其与职员之间的沟通能力。

① 所有员工为了一个目标

目标：Improving Consumers' Lives

从创业开始，为消费者提供日常生活用品的宝洁便以“Improving Consumers' Lives——改善客户生活”为目标而努力奋斗着。

对于消费品生产厂家来说，提供对生活有帮助的商品是他们义不容辞的义务。虽然这是一个理所当然的目标，但并非所有企业都能给予它足够的重视，像宝洁那样，从创业之初开始，一步步沉淀企业标语的行为更是少之又少。

可以说，宝洁已将这一目标渗透到了每一位职员的心里。全球13万职员均以“改善生活”作为自己职业生涯的重大意义，将其强化成了自己奋斗的目标。

前文已给大家详细介绍过宝洁职员每天“目的”第一的工作方式，既然“改善生活”是全公司最重要的目标，想必大家肯定会谨记于心、努力达成。

激发宝洁职员齐心协力共同拼搏的关键就是这个刻在大家心底的“目标”。可惜，能够认真定义“目标”的企业并不太多，大部分企业只是将其定义为“理念”罢了。所谓的“理念”是一种被构思出来让大家一起信仰的东西。即便理念非常明确，所有职员也都诚心秉承，但它终究无法成为引导职员前进的指向标。而所谓的“目标”，是一种十分明确，并且能够给职员带来活动灵感的东西。

无论是公司本部、美国，欧洲、南美、中东、非洲，还是亚洲圈的印度、中国，皆是如此。如向宝洁职员提问说：“你知道宝洁的目标吗？”不管是谁，都会准确无误地回答道：“改善生活。”

或许确立共同目标，并让所有职员谨记之，这就是宝洁被称为特色企业的一大秘密吧。

反复彻底默念正确的目标

那么，到底要怎么做才能将企业“目标”贯彻到13万职员的心中去呢?

首先，“目标”必须是正确的，因为这是要让大家发自内心去坚定的东西，是一切工作的重要起点。就拿“改善生活”这句话来说吧，消费品厂家以它为目标应该不会惹来任何非议才对。因此，它必须是大家心底共有的正确“目标”。对于职员来说，能有这样一句言简意赅且代表企业存在意义的目标语，实在是太有感染力了。

其次，就是要反复默念“目标”。这样做，并没有什么太过特别的意义。因为不管哪家企业，如想达成某项目标或革新的话，让职员反复默念都可以促使他们奋发努力，发挥出最佳实力。对于宝洁来说也是这样，因此必须贯彻到底。

倘若打开宝洁公司内部的企业网，你会发现，“目标”语总是最先显示出来的文字。CEO定期给职员发送的邮件当中，也常常提及“改善生活”这一企业目标，并会针对该目标进行相应的确认。无论是公司内部通道、会议室墙壁上的宣传画，还是职员的笔记本，“改善生活”这句话可谓是随处可见。

这里面还有一个非常关键的要点须再次强调，那便是“改善生活”并非宝洁的“理念”，而是其“目标”。倘若将这句话作为“理念”反复传达的话，会比较容易冠上说教的名号。然而，宝洁给其下的定义是“目标”，也就是说，它可以引发13万人的共鸣，号召他们为了这一目标奋发图强。

目标的重要意义

理念与目标之间还存有一大差异，就是单纯把其当作一句话在重复呢，还是将其运用到实际工作当中，作为“判断基准”来使用？

共同的“目标”并不是仅凭上层领导一己之力便可实现。当然，如若没有一个非常出色的人事团队，该目标也会变得难于实现。

最重要的是，大家要像“瀑布一样倾泻而下”。所谓的“倾泻而下”，就是说要发扬如同瀑布般毫无间断、自上而下彻底贯彻全力以赴的精神。从上层到下一层，从下一层到下下一层，逐级落实。如此这般日复一日，从上司到部下，均会深刻地烙下同一“目标”意识。作为上司，我们有义务这样逐步培养职员的目标意识。

“改善生活”这一目标也是宝洁走向成功营销之路的有利辅助。

倘若商务成长计划只以数字为目标的话，不仅会让人对数字的设定产生质疑，还会让人感到无从下手，不知该如何去达成。此时，假设在“将消费者生活改善到何种地步”的构思基础上进行规划的话，又会如何呢？我想大家首先想到的应该是，目前市场上存有多少尚未被满足的需求，以及目前某商品的销售额是多少。在这之后，不管制定怎样的新政策，不管给出多少目标数字，大家都会认为势在必行并达成共识，所有疑问也会随之消失，剩下的只有为达目标而一鼓作气的动力。

除此之外，共同目标还有一个益处，即它能引导企业根据当下情况，决定是否实行成本削减。以“改善生活”为基准，如削减的成本是那些对生活毫无价值的无用成本，那大家肯定举双手赞成。但如削减的成本会给消费者生活带来不便的话，大家便会一口否决。对！此时目标就是大家工作时的判断基准，它将引导大家朝正确的方向前进。

目标与“挑战”相连

宝洁提出的目标，对公司每位职员，都具有相当重大的“挑战”意义。同时，它也赋予了宝洁无限量的动力。

作为以“改善生活”为目标的企业的一员，它带给我们的自尊心是其他任何东西都无法取代的。为了给消费者提供最好的产品，所有部门都在以各种形式积极奉献。当所有职员都把每日的工作内容与目标相提并论时，一种无形的挑战感油然而生。

如前文所述，我们可以通过让消费者提供有益信息，以及社会贡献等各种方式采取行动，实现目标。确实，为了这一目标，宝洁正在有针对性地开展各种活动。每位职员通过在工作中的辛勤劳动，渐渐领悟其中的具体目标及意义。

就拿我个人来说吧，在研究开发本部任职的那段时间，我清晰地感受到了工作及责任带给我的挑战感。家庭主妇当下的困扰是什么？为了生活能更美好，消费者还想得到什么？还有，能够实现消费者愿望需求的技术及商品是什么？

调到交流宣传部门后，我的工作思考点又发生了变化。应该如何使用产品呢？哪些信息是对生活有益的呢？等等。从社会营销的角度出发，一旦对目标的实现有所贡献，总会有种自豪感涌上心头。

像这样被灌输目标意识的宝洁职员并不仅限于产品开发部，其他所有部门的职员都在为公司目标默默贡献自己的力量。

认真阅读消费者的来信

有了“消费者是老板”这样的观点，那么“顾客咨询室”的存在对企业来说就显得尤为重要了。

在宝洁，没有任何事情能比处理客户咨询意见，以及满足每位顾客需求来得更为迫切。

宝洁为此设立了专门的部门，主要任务就是将全国的呼声数据化，并传达给相关部门。该部门的存在有着十分重要的意义，他们会定期汇总高质量的信息，并在此基础上，制订一些改良产品及营销策略的方案。统计分析顾客咨询室的信息，并加以条理性的归纳总结，对产品的开发也具有重大指导意义。

另外，顾客咨询室还可以将消费者发来的感谢之声传达给公司职员，因为收获这些感谢是与职员的挑战息息相关的。

“之前，我一直被头皮干燥这一问题所困扰，自从用了贵公司生产的洗发水之后，头皮干燥的现象减轻了不少。现在不用再为头皮犯愁了，每天都很开心。”

“新商品的香味非常好闻，孩子们都很喜欢。”

“之前我一直在等这类产品上市，现在终于等到了！希望贵公司今后还能再接再厉，生产出更多好产品！”

很多用户会特意写信告知这些用后感。

在信中，他们会倾诉没用宝洁产品之前的各种不便及苦恼，同时还会转告用过宝洁产品后，该产品对自己生活及精神状态带来的良好影响。这样的感谢信，并不是我们产品调查的一部分，也不是为了企业宣传而特意找人编写的好话，更不是委托朋友故意写的造假信，因此，在阅读这些信件的同时，我们能清楚贴切地感受到对方的心情。

在收到这类感谢信后，负责处理顾客咨询室的部门会将信件发与相关部门一同分享（当然个人信息除外）。对于相关负责人来说，没有任何东西比这样的信件更能让他们欢喜兴奋。甚至，他们会因为信件内容而被感动得热泪盈眶。那一瞬间，看到信件的所有人都确确实实地感受到了自己开发的商品给消费者的生活带来了巨大的便利。

宝洁的商品以大众消费者为对象，因此，不仅一个人，而是大多数人的一致经历及感想才能证明业务的成功。虽然一封感谢信并不能代表其他用户的感想及心情，但它却在无形中肯定了宝洁职员的工作和每天的付出，同时，也给予每位职员继续奋斗的信心及勇气。

这样的事情并不仅仅眷顾日本宝洁，每天，世界各地的宝洁都有收到类似信件。正因为宝洁存有因信件而真心喜悦的职员，才能一步一步迈向成功。

当今学生非常重视“社会意义”

正如之前介绍的那样，宝洁作为一家条件优越的企业，吸引着无数年轻优秀的人才。作为一家目标明确且对社会有积极贡献的企业，宝洁在选拔人才时，会在招聘信息中加入有社会感、有战斗力这一条件。

不管多么优秀的学生，如果追求的梦想与宝洁存有出入，就不是宝洁期盼的人才。最近在招聘下一代预备领导时，又增加了一个非常重要的条件，那便是“有明确社会责任感的人”。

近年来，年轻一代的价值观在逐步改变。正如媒体报道的一样，很多年轻人非常希望从事一些有意义且能收获经验、得到成长的工作。怀着这样的工作愿景，他们追求的不是高薪升职，也不一定是进知名企业工作，而是能够感受到自身社会意义且具有挑战性的工作。

为了吸引更多的优秀人才，所有企业都应时常展现自己存在的意义，这点非常重要。

三大要点须谨记

其实，宝洁并不是什么十分特别的企业，它只不过是在为社会作出贡献罢了。无论是以消费者为商业对象的B to C，还是不直接经营最终产品及服务的B to B，所有企业都在发挥着各自的社会作用。

确实，B to C的社会意义要更为浅显易懂，而B to B同样也在担任部分社会价值。作为经营者，我相信大家都有这样的意识，但最重要的是，除经营者之外，其他职员也应将其作为共同目标，努力实现。

为了实现该目标，我们应注意以下三点：

1. 明确社会存在意义，并用生动有力的言语表达出来；
2. 持有信念，以团队的形式，自上而下地彻底贯彻；
3. 那些处于中间管理职位的部长及课长，应谨记目标，并将其作为判断标准，运用到日常的工作当中去。

只要能够坚持不懈反复温故，就能凝聚成一股强大的力量。

同时，我们还应具备“坚定不移”的素养。所谓的坚定不移，就是说要一贯到底，不去理会那些没有瓜葛的新鲜事物，彻底坚定自己的信念，不被那些时兴或不时兴的事情所迷惑。

如能做到以上几点，不论在哪家企业，不论在哪个团队，都能收获成功。如能有这样的决心，彻底贯彻且坚定信念的话，公司职员就必然会融合成一个刀枪不入的集体。

利益将跟随“目标”而来

关于宝洁的“目标”，或许有人认为这是“营利主义的反题”。宝洁是一家不以营利为目的，努力追求社会价值的企业吗？

存有类似疑问的想必大有人在吧？

宝洁并不是NPO，更不是家庭企业。倘若投资者完全不追求经济价值的话，那么企业也不可能存在于世。宝洁也是一家追求商务成功的企业。那么，宝洁为何能够同时达成社会价值及企业盈利这两个原本互相对立的目标呢？

那是因为在提供社会价值的同时，作为“结果”，利益会跟随“目标”而来的缘故。

“以改善世界人民生活为目标，随后，作为结果，消费者以选择该企业商品的形式给予回报，公司的商务也就自然走向成功。”

这个思路深深地刻在了每位宝洁职员的心里。

如单纯以商务成功为目标的话，企业会比较容易陷入营利主义的阴霾，越走越黑。如将目标换作“改善生活”的话，企业便可准确无误地找到自己存在的理由。当然，在以“改善生活”为目标的前提下，我们也应强调最终商务可以走向成功的重大“结果”。

让商务走向成功，既是每位商务人士必须具备的一项技能，也是所有职员的最大骄傲。

一切以“目标”为重

现在，所有的全球化企业，均以BRICs（巴西、俄罗斯、印度、中国）为依托，在世界各地迅猛成长。为了获取更大的成功，各企业之间都在互相攀比竞争。对于宝洁来说，这无疑也是一项最最重要的挑战。为了不落后于其他企业，宝洁正在积极努力扩张自己的事业范畴。

同时，上层领导仍在强调必须坚持“改善生活”这一目标，绝不松懈。这是一个不走营利主义路线的信息。面对巨大的商务良机，我们更应该保持清醒，确定自己的目标所在。

正因为激烈的竞争与全新的市场并存，宝洁才更应坚持一路走来的成功思路及做法。作为结果，BRICs的消费者会主动选择宝洁的商品，商务也必然会走向成功。

综上所述，我们应该时常用目标来警醒自己，这是迈向成功的踏实向导。

② Do The Right Thing（做正确的事）

带着自豪感去工作

与激发职员迎接挑战的企业目标齐驱并驾的一个要素是——“常常做正确的事情”，这也是自豪感产生的重要根源。

当职员进入公司后，“常常做正确的事情”就像一个烙印一样深深地烙在了心底。

“公司希望我们每个人都能做‘正确的事情’。”

对于一家不以反社会为目标的公司来说，理所当然不该去做错误的事情。但如将这个道理写成一句话，确实可以给职员留下深刻的印象。

对于宝洁 的职员来说，“Do The Right Thing”这句话既能展现公司最为本质的一面，又能因在这样的公司工作而备感自豪。

当然，所有企业在开展业务时，必然都是以“做正确的事”为前提。宝洁的职员也不会将这句话诠释为只有宝洁在做正确的事。

那么，宝洁的职员为何会有自豪感呢？我想，这与宝洁将“做正确的事”这一价值观列入最最重要的要素行列，并将其组合成一句话的行为是密不可分的。想来，应该没有太多企业会将理所当然的事情，即“做正确的事”这一价值观精炼成一句话吧。既然如此，宝洁职员备感自豪的情结也就不足为奇了。

“The”所涵盖的信息

流传于宝洁公司各个角落的这句话是句英文，翻译成其他语言，可能会有部分无法表达的微妙含义。

我认为，这部分无法准确表达的意义就是“The Right Thing”中“The”所包含的意义。将这句英文翻译成“做正确的事”似乎并不是那么太尽如人意，可是，到底要怎么翻译才是最准确的呢？我不禁反复斟酌起来。其实，这里最关键、最强悍的单词就是“The”。“The Right Thing”意味着正确是一个没有任何商讨余地的概念，正确的事只有一件。并且，正确的事是以某项标准为前提而存在的。

例如，当某特定商品出现品质问题时，对于管理人员及相关负责团队来说，这无疑是一个挑战。当顾客咨询室收到的抱怨及询问信件比平常多很多时，品质管理部门便会展开调查，确认产品的基本状况。与此同时，还应从本次的问题中吸取教训，作出正确的商业判断，明确自身接下来的工作及任务。

但这样的判断总是难以抉择。在大多数情况下，判断之所以出现偏差，主要是因为必要数据没有准备齐全。

当然，“The Right Thing”的根本是“安全性”，因此，我们首先必须优先确认的项目是是否存在安全隐患。详细实例如下：

① 与平日相比，消费者寄来的抱怨不满信件确实有所增加；

② 作为不满意见，之前曾多次被指出的“包装瓶盖易损坏”并非安全性问题。出现损坏现象的主要原因还是用户的使用方法，因为并非所有消费者都有正确使用商品的经验。但是，瓶盖一旦出现破损，今后使用该产品时，便会给消费者带来诸多不便；

③ 在对仓库尚未出货的现有瓶盖进行品质抽查检验时，发现虽然所有瓶盖都符合公司的产品管理基准，但其中有若干瓶盖的强度稍稍偏低。由于是抽查的缘故，因此我们无法准确把握类似瓶盖的存在率。此外，当瓶盖的强度变弱到何种程度才会引起破损，我们也尚不了解。

此时，为了制定对策，相关负责团队会立即寻找管理人员进行商讨。如重新确认产品数据，得出的结论仍是没有违反品质管理基准的话，大家则会认为抱怨增多纯属偶然，并决定继续出货。这是一种基于统计手法的思考，因此该结论相对来说是比较妥善的，合乎正常逻辑。

另一方面，当我们将视线转移到抱怨增多这一事实上时，你会发现，或许确实应该介入调查并进行更为严密的确认，而一旦这么做的话，就需要大笔的经费帮忙开道。作为负责人，我们没有权利轻易作此决断。

于是，管理人员问道：

“What is the right thing to do？”（要怎样做才是正确的呢？）

听到这一问题后，所有人员都立即明白了当下“应该做的事情”。并且，他们作出了以下决定——不能让产品就这样出货！因为继续出货的话，很有可能会让“老板（消费者）”的期望面临破灭的危险。在这个实例中，所谓的“正确的事”就是彻底确认产品品质。在作出决定后，大家踏踏实实对商品进行了全面的检查，确认没有问题后再安排出货。不过，这确实也是一项高成本的作业。

经过这次挑战，包括我在内，所有相关部门的负责人都亲身经历了一场如何将“做正确的事”与实际情况相结合的考验。通过这次体验，我的个人世界里也真的添加了一条名为“做正确的事”的价值观。即便是今日，类似挑战仍在不断出现。

严格遵守法令

无论哪家企业，遵守法令是最大的前提。倘若违背法令的话，企业将无法保障正常运作。为了严格遵守法令，所有企业都必须做“The Right Thing”。

然而在宝洁，“正确的事”还被赋予了特有的意义。宝洁以普通法令为基准，制定了一份企业内部的规范。为了保证产品的安全性及生态性，宝洁在各项科学见解的基础上，以自身安全基准为前提，制定了“宝洁环境保护正确事项”。正如第2章讲述的，宝洁具有强烈的环境保护意识，即便法令没有相关规定，宝洁仍会明确规定在环境方面应该做的事及不应该做的事，并一直积极努力实践。

这是世界最大消费品制造商应该承担的责任，宝洁始终没有忘记这一信念并将其贯彻到底，同时，这也是提高世界市场占有率的方法之一。

比如，假设宝洁的产品中配有某特定化学物质，而每个销售国的环境法令政策各不相同。面对这种情况，只要按照最严格的条件基准来研制，就一定不会出现违背某国环境法令而失去该国市场的情况。

虽然法令的目的在于确保安全，但法令并不能将各方面都考虑周全。所以，对企业自身来说，就应该主动活用现有的科学见解及安全知识，严格遵守基准，尽量提供安全的产品。

追求“准确的广告”

商品广告的推销思路应该与商品包装上的产品简介保持一致。我们特别需要注意的是——“广告的表述是否准确？” 很多时候，虽然不是出于恶意，但企业为了追求感官冲击，在策划商品广告时，往往会采用失真的营销追求夸大效果的手法（重视装置的手法）。因此，我们首先要做的事情是，严格参照基准确认广告的表述是否有夸大失真的现象，并找出有力证据证明。

例如，洗涤剂的广告中时常会出现“有效增白”的台词。一般情况下，增白可通过增加漂白成分来实现。此时，企业常常会以“漂白成分含量的增加=有效增白”为由，导入这句具有冲击性的台词。但广告一经播出，就会给消费者带来“企业已经保证该商品增白效果出众”的实感。总而言之，在洗涤剂广告推出之前，我们必须确认洗涤剂是否确实具有“有效增白”的功效，因为只有确认属实，该广告词才能具有坚定不移的说服力及可靠性。

与遵守法令事例一样，宝洁在广告措辞方面也制定了非常严格的公司内部标准。

譬如，宝洁有“新发售”这个词语在何时才能使用的判断基准。

在日本，“新发售”是一个极其自由的表述词。即便只是在原有商品的基础上稍稍进行改良，或采用创新设计更新原有商品包装，厂家也可打上“新发售”这一标语。但是在美国，消费者对“新发售”这个词语寄托了非常之高的期望，唯有当产品“主要机能”被大幅度改良时，才能使用这一词语，这是美国人的常识。由于语言及文化的差异，各国原本可根据本国情况适当进行调整，企业也可自行斟酌“新发售”的使用范围。然而，对于“新发售”的使用场合，宝洁采用了规定最为严格的国家的基准，并将其作为所有宝洁的同一基准。

为了与消费者建立良好的信赖关系，企业真的非常有必要制定“正确的事”。

虽然这是题外话，但我仍想告诫大家，有时即便广告表述准确无误，但如消费者的认识出现偏差的话，也会给我们带来非常棘手的麻烦。

比方说，洗涤剂及洗发水等商品的广告语中时常会出现“植物原料で手にやさしい”的表述，想必大家都很熟悉。虽然对该表述产生质疑的消费者并不多见，但我却认为这是一个“世纪的误认”，这主要还是因为日语自身具有模棱两可的特性。

原本企业想要传达的是“该商品是用植物原料制作”及“该商品是呵护双手的商品”这两个不同的信息，但加上“で”这一模糊之词后，传达的信息便成为了“因为植物原料所以可以呵护双手”。

植物原料中有一种比普通石油原料成分还要呵护双手的特定成分，因此，如企业借上述表达来传达这一信息的话，原本是没有任何问题的。但是，该广告语同时还会给人带来“植物=呵护双手”的错觉，也就是说，会产生石油原料成分无法呵护双手，植物原料才能呵护双手的误导。但事实是，无论石油原料还是植物原料，均可提炼制作出相同的成分。而且，至今也并没有任何科学依据能够证明植物原料对双手具有更好的呵护功效。

为了避免以上误解，在策划广告词时，我们必须严谨，尽量不用那些模棱两可的词语。

宣传部的使命

我曾经管理的宣传团队是个非常值得信赖的团队，每位队员都坚持做“正确的事”。

最近，在观看一些企业的丑闻时，着实感到有些愕然。相关人物的发言更是前言不搭后语，当你发现真相时，对他们的信赖也将崩塌。原本只是打算为一件不太凑巧的事情圆谎，谁知最后谎言越说越大，以致无法挽回，最终也只能以这样的形式被曝光。

企业总会有失败的时候，也会有迫不得已必须对社会公开的时候，此时，如不想因为丑闻而毁坏企业名声的话，除开诚布公、实话实说之外，真的没有其他更好的办法了。对于宣传部来说，即便是撒一个非常小的谎言，也是绝对不行的。

当时的宣传团队为了实现自身机能，除口头勉励“做正确的事”之外，还会将其付诸行动。

宝洁公司为了“做正确的事”，会时时刻刻反思自己应该做的事情是什么，正因为如此，宝洁才能拥有如此强大的影响力。顾客咨询室具有倾听消费者心声的机能，宣传对外联络部也同样具有把握媒体即社会正在关注什么及其期待的机能。

“做正确的事”，并不只是上层传达给团队的信息，而是每位职员，包括上司及上层领导在内，大家必须严格遵守的东西。它以价值观的形式深深地印在每位职员的心里，它是宝洁一个非常重要的存在。

严惩“不正确的事”

在第2章中，我为大家讲述了“可持续性发展”及“承担环境责任”这两大内容，宝洁一直将这两大内容视为己任，这也是宝洁之所以能够持续发展170余年的要因之一。为了达成以上两大目标，宝洁常常告诫自己应该“做正确的事”，并将其付诸实践。为了环境、经济、社会，宝洁坚持“做正确的事”。这一思路始终伴随着宝洁的成长。

近来，社会开始将目光移向企业在环境方面作出的对应，更重视企业对社会的贡献。于是，很多企业在“如果再不行动，就将面临无法存活的险境”的逼迫形势下，紧急采取措施迎合大众的心理。然而，对于以“做正确的事”为信念的宝洁来说，社会要求的这一切真的非常合情合理。只有坚定这份理念，宝洁才能为社会的可持续发展作出贡献，宝洁企业自身也才能继续发展。

“做正确的事”这一思路，既是每位职员必须遵守的规则，也对企业的发展带来了深远的影响。向来严格遵守“做正确的事”的宝洁，在面对不正确的事时，给予的是非常严肃的处理。比方说，假设有人将公司的经费用在非恰当的事情上，不管费用金额大小，公司一律以辞退的方式给予处罚。这里所谓的非恰当事情，既包括私人事情，也包括虽然为了公司，但没用对地方的事情。

这一规定对于成年团队来说非常有用，究其原因，那是因为对于职员来说，该规定可以有效约束他们，即对自己的行为负责。如部下时刻用“做正确的事”来警醒自己的话，上司也将对其产生信赖。这些都是我在工作中的真实感受，宝洁自始至终以“做正确的事”为理念，公司所有职员也都坚定不移地相信着这一理念。

③ 尊重每位职员

“你很重要”

下面再为大家介绍一个宝洁始终贯彻的思路。

“即便失去一切，包括金钱、资产、品牌，但只要职员还在，就能在10年内重建宝洁！”

这是一个拥有170余年历史的经营理念。在经营层中，“对于宝洁来说，职员是最宝贵的资产”的思路也一直在传递。

虽然大多数公司都非常注重员工，但像宝洁这样，将这一信息传达给职员的却并不多见。

想要将这一思路渗透给全公司职员的话，此时管理人员所发挥的作用最强大。因为对于部下来说，上司就是“公司”，上司的发言代表了公司的整体意见。因此，与其社长说“人员很宝贵”，倒不如上司的一句“你很重要”来得更为直接、更令人喜出望外。倘若上司常常通过言行对部下表示“你很重要”的话，那么职员必然会认为这是一家注重关怀员工的公司。

然而，站在上司的立场想想，这却并不是一件简单的事情。因为他们需要寻找最恰合时宜的机会来传达“你很重要”这一信息。如果没有找对时机的话，不但会让部下对这句话的真假产生质疑，还会失去说服力。

公司与职员之间Win-Win关系的重点在于沟通

“职员是财产”的信息也会因尊重个人希望及需求，而变得更容易被大家接受。

例如，在决定由谁来承担某项工作时，宝洁会尽量尊重职员个人的希望。不管是谁，倘若能做自己真心喜欢的工作，就一定会更加积极地投入到这份工作当中去。因而，如公司尊重职员意愿及希望的话，既能达到各职员充分投入、积极付出的最大化效果，又能收获最高效的团队成果。这难道不就是我们常说的Win-Win吗？

不过，每个人的希望都是不一样的。

“我想做更专业的工作。”

“我想做进一步调查消费者的工作。”

“我想做与公司外部有更多接触的工作。”

“我想做经常能与外国人打交道的工作。”

“迄今为止我一直在负责家庭用品，现在我想尝试一下与美容相关的工作。”

“现在的工作干得很开心，所以我想继续做这份工作。”

等等。

公司如能根据情况的不同，立即满足职员的这些希望自然甚好，但倘若无法马上满足的话，也应在一两年内尽量给予满足。

其中最重要的是“部下与上司的交流”。倘若上司能够准确把握部下的兴趣爱好及职业愿景规划，并通过各种形式了解部下的个人需求，那么对于公司来说，这无疑是个非常重要的人事信息。

上司可以一边观察部下的资质才能，一边结合其希望及现状，在尊重部下个人意愿的基础上，为其制定一份个人的职业生涯规划。

为了实现这样的人事目标，宝洁制定了相关的规则，那便是所有上司必须至少一年同部下进行一次这样的交谈。同时，还应记录下谈话的内容，将其制作成文件，传达给自己的上司。倘若职位有所调动的话，新上任的上司仍应继续担当起这份职责。

当然，公司不可能满足所有职员的愿望。对于那些大家都想得到的好职位，公司另有安排的现象也时有发生。

另外，对于一份工作，其他人的相关技能要更出色的情况也时常可见。因此，在“满足个人需求”的实操过程中，企业都会根据实际情况考虑个人的能力。于是，在满足个人需求这一问题上，职员很有可能会将其极端地解释为只说不做，表里不一。为了预防类似误解的产生，为了真正实现公司与个人的Win-Win关系，此时公司与职员（上司与部下）的沟通及相互理解就显得尤为重要了。

为何女性更容易就职宝洁

前文已为大家讲述过，宝洁是一个女性更容易就职的公司。宝洁在对待职员方面没有任何的男女之差，即便女职员生完孩子也不会受到影响而不得不辞去工作，这是有目共睹的事实。

但是，“女性更容易就职”并不意味着“宝洁专宠女性”，只是说在男女员工录用制度上不存有差别罢了。无论男性还是女性，都拥有平等的就职机会，这是毋庸置疑的常识。

极端点说，或许谁都没有想过男女应该平等，而男女平等却又恰巧是团队组合的最大前提。宝洁的女职员之所以能够活跃在这一职场平台上，并为这份工作辛勤付出，主要还是因为宝洁提供给她们与男性一样的平等机会。

那么，妊娠休假和育儿休假要如何处理呢？从公司角度出发，无论妊娠休假还是育儿休假，或多或少都会给人事带来不便。例如某业务原本是多少多少人，但因为女业务员的休假，导致团队人数减少。特别是对于那些有女性积极活跃的团队来说，女性在集体中发挥的作用是非比寻常的。因此，女职员的休假，也会导致公司战斗力下降。

然而，这样的休假申请在宝洁却可以获得最全面的支持。宝洁认为“职员是财产”，他们拥有的是“尊重个人”的价值观。

最简单的理由就是宝洁“不希望女职员辞职”。倘若有职员辞职的话，团队会失去该职员之前所掌握的所有技能及专业支持。对于企业来说，如果此类事件接二连三发生的话，那么团队的能力将永远无法得到提高。

为了不让人才流失，宝洁始终坚持“尊重个人需求”的原则，积极支持女职员申请妊娠休假及育儿休假。

根据不同情况，妊娠也好，育儿也好，看护也好，除女性之外，男性也拥有同样的待遇。

在这里，我还想强调一点，那便是那些休假归来的职员，为了填补休假期间的空白，他们会比其他人付出更多的努力。当然，这种情况的前提是公司与职员之间已成功建立了互相信赖的关系，否则职员也不会心甘情愿如此卖命地继续支持团队工作。

从前，在我管理的宣传对外联络部，25人当中总有2名女职员是处于交替育儿休假的状态，并且该状态持续了数年之久。这种状态对于我们的团队业务来说，着实是个挑战。团队以整体的形式存在，队员更应该同甘共苦努力拼搏。对于那些休假归来的职员，其他队员不仅没有过多抱怨，反倒总是默默地支持着她们。看到这一幕，我真心为我的队员感到高兴。

如此一来，团队也比之前更为强大。

上司的基本素养

之前，曾有外国人担任过日本宝洁的上层领导，他们的一句话令我至今记忆犹新：

“想要成为一名出色的上司，就必须对部下Demand及Care。”

“Demand”是提出要求的意思。首先，为了让部下能够最大限度地发挥能力，上司必须对其提出要求才行。同时，上司还应“Care”，即照顾、保护部下。

话说回来，上司对部下的举止通常更偏向于哪种呢？有人对部下实行的是严格管控的方式，有人却恰巧相反，对部下放任自流、温柔体贴，不管部下做什么说什么他们都能接受。严厉上司突然展现温柔一面的惊人之举常有耳闻，温柔上司突然发飙震怒的异常之举也是时有发生，因此，凡事均有某种程度的两面性。

“Demand”与“Care”是一个互相对立的存在，重要的是如何让这两者取得平衡。而且，这里的平衡并不是50对50的平衡，而是100对100的平衡。无论是“Demand”还是“Care”，在施与部下时，都应附加100%的真心。因为这样可以增强部下的干劲及信心，让结果达到最佳状态。

例如，在日常工作中，上司应该适当对部下表现出“Care”。其实部下对这些细微的言辞举止是非常敏感的。

我入社的第一年，我的美国上司曾让我写一篇业务报告书，那时他对我说过的一句话令我感触颇深。那时的我还没有完全掌握宝洁的思维方法，现如今一页即可完成的“3点归纳”简单报告书，那时看来却很难。那是我的第一份业务报告书，也是当时上司对我能力的一种考验，我感到一种巨大的压力正在涌向心头。宝洁公司内部的文件全是用英文制作而成的，因此我的第一份报告书也需要用英文书写表达。

我先写了一份“草稿”递给上司。看完我的草稿，上司将理论不清晰、重点不明确、英文表达有误的地方全部圈了出来。当我看到上司批阅后的草稿时，着实愕然了一番。上司不仅认真阅读了我的草稿，还逐字逐句地进行了修改，整张纸上布满了红色的修改笔迹。而且，上司还对那些内容上存在问题的地方进行了明确的说明。虽然这对于我来说是一次学习的机会，但看到纸上铺天盖地的红色笔迹，我着实被狠狠地打击了一回。明明拼命努力完成的草稿，却被修改得体无完肤，或许是自己太过差劲吧，总之，当时的我十分沮丧。

然而，上司对我说了这样一句话：“You can do better than this.”

虽然这只是一句非常普通的英语，虽然上司并没有加入过多华丽的辞藻，但当我听到这句话时，一下子就充满了干劲。为什么会这样呢？因为我认为这句话饱含期待，藏有“你一定行”的鼓励之意。倘若换成“这样子不行”之类的话语，或许我会因为这样一件小事而备感挫折。

在一个怀有“职员是财产”的理念的公司，上司必须具有“Care”的技能，并在日常工作中通过各种方式传达给部下。相信在“Demand”与“Care”百分百平衡共存的企业，团队一定会越来越强。

工作与生活的平衡管理

当下，工作与生活平衡协调的呼声越发高涨。上司在大约20年前就对我说过这样的话，托他的福，我现在终于可以平衡工作与生活了。无论人生还是工作，我现在都感到非常充实。

入社第三年，是我稍稍明白应该为什么而努力奋斗的时候。当时，没有任何事情比得到公司的认可更为重要。为了实现这一目标，我每天很早就来公司上班，中午忙得连午饭都顾不上吃，常常深夜时分还在工作。回到一个人居住的一居室公寓后，通常五分钟内便能立即入睡。清晨醒来，冲完澡立即赶往公司，就这样，我日复一日地过着两点一线的生活。那时的我认为，只要努力就一定能得到上司的认可。

接着，在一年一次的上司部下交流中，曾多次被上司极度表扬的我期待上司能继续对我说些鼓励的话语。然而，上司却意外地说道：

“你今后应该多多考虑的是，人生当中还有比工作更为重要的事情。出人头地并不是一切。”

当时，还只有20多岁的我实在不太明白这句话的意义。

可是，这句话却深深地刻在了我的心底。偶尔，我也会试着思考工作、生活及人生。渐渐，我明白了这样一个道理：仅仅以工作成功为目标的人是永远不可能成功的！着眼于生活及人生，再致力于工作，并常常能达到平衡状态的人更容易收获工作上的成功。

这就是我们现在所说的工作与生活的平衡协调。上司那句话的意思并不是“工作不用努力”，而是“在充实的人生中思考工作的成功。长远说来，人生如不充实，工作也将注定失败”。

那位上司深知我是一个不会因这句话而自此在工作中偷工减料的人，所以才敢这样劝说我。不过，我也是在数年之后才真正明白这句话的含义的。对于那位上司，我至今仍想衷心地对他说声谢谢。倘若没有这句话，就没有现在的我；倘若没有这句话，我一定还在独自为了工作用尽心力拼命奋斗；倘若没有这句话，我也不会拥有现在的美满家庭。

这是一个上司对部下给予“Care”的小故事。通过这次经历，我最终明白了宝洁“成功的重点不在于今天明天工作成果的多少，而在于是否拥有长远眼光”的基本理念。

宝洁就是这样一个尊重个人、为了让部下取得成功而给予正确指导的公司（图9，见下页）。

图9 统率13万人的公司内部交流法（第三章小结）

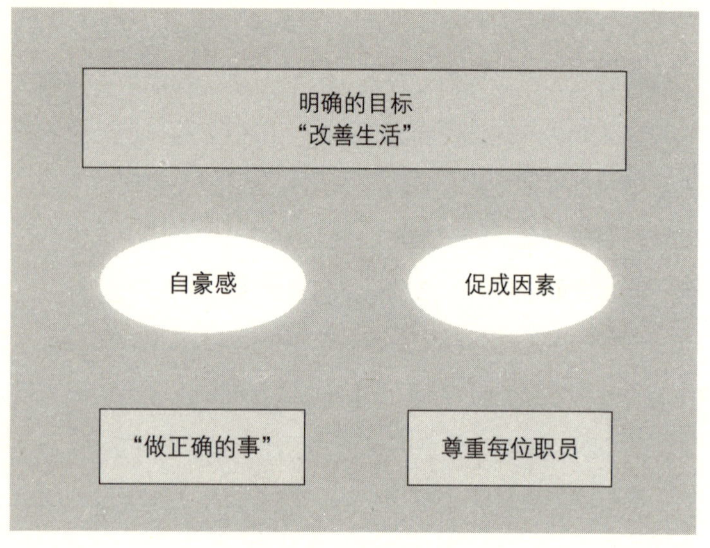

将13万职员统一成
一个团队的机能

商务成果

第　四　章

从沟通方式上打造企业凝聚力

对于在世界各地展开业务的宝洁来说，完整的全球化沟通技巧是其走向成功的关键要素。这并不是只要全部职员都会英语便可达成的目标。

在这一章中，我将为大家讲述是怎样的沟通技巧帮助宝洁迈向全球化的。

① 为何要使用英语

高效的业务沟通工具

常常有人问我：“宝洁的工作语言是英语吗？”而我的回答也常常是：“Yes！”

宝洁所有职员在书写业务文件时都必须使用英语，这是为了顺利交换公司内部信息而确立的“规矩”。在宝洁工作的23年，也是我一生中书写英语文章最巅峰的时期。无论构思还是表达方式，都在不知不觉中被英语影响着。

因为几乎所有会议都有外国人参加，所有对话方面也必须使用英语。为了提高英语水平，培养说英语的氛围，日本同事之间也时常会用英语交流。当然，日本同事的日常对话大多数时候还是会使用日语。换言之，宝洁存有一个“用英语进行工作对话，用日语进行日常对话”的混合空间。

工作时使用英语是宝洁公司内部交流的大前提。倘若不统一语言，也就无法统一成一个公司。

英语交流的缺点

最近，日本企业为了与世界接轨，也常常在公司内部使用英语。但是当我听到日本企业公司内部共通语言为英语时，着实有些吃惊。因为日本人用英语谈业务并不是件简单的事情。倘若专门针对对外业务谈判，特别召集几名英语达人来做此对应的话，倒还不是很难。但如将团队全体，甚至整个企业内部的语言更换成英语的话，就真的不是件随随便便就可达成的事情。

我觉得，日本人还是使用日语交流工作更为顺畅些。职员每天不但要处理诸多日常业务，还要抓紧时间学习英语，这一要求真的有些苛刻。原本可以立即投入工作专心致力于业务的职员，此时却要将精力一分为二用来学习英语。一旦职员表现出不满，不但工作无法顺利推进，公司还要花费时间、精力来维持所有职员的工作热情及干劲。

这样做不仅会给职员个人带来负担，还会增加公司及团队的投资费用。因为以英语为主体展开公司运营，公司必然需要建立既会英语又会日语的“双重作业”部门。

就拿消费者调查部门来说吧，调查企划这种概念性的东西我们可以使用英语书写表达，也就是说，单纯用英语来书写“企划书”是完全没有问题的。

但是，当把企划书制作成“调查册”时，就必须把它翻译成日语了。从事过调查工作的人就一定知道，不同的提问方式会导致截然不同的调查结果，问卷调查尤其要注意这一点。

为了让表达尽量准确，在翻译英语制作的调查册时，我们必须逐字逐句地确认表达是否与原意图相反等，而这项工作并不是每个会英语的人都能完成的。负责调查的人员不仅要日英双通，还要明白公司内部调查的详细目的，制作出一份具体详尽的问题表。

另外，广告表述、PR活动等，都因直接视听对象是消费者而必须使用日语。因而，跟调查册一样，不但需要缜密思考日语的措辞，还要得到公司内部的同意。比方说，在商讨产品战略及阐述构思时使用的语言是英语，那么，翻译时就必须使用一些意思一致且极具震撼力的日语词语。

对于那些以英语圈市场为销售对象的公司，以及B to B这种专业术语较多的技术系商务来说，将公司内部语言统一成英语的做法并不是什么大问题。

但是，对于那些像宝洁一样的B to C商务来说，既需要花费大把的时间去考量整理消费者调查和广告表述，还要占据部分经营投资资源。作为该类公司的职员，就要历练自身双语工作交流的能力。此时，对英语能力的要求已在无形中转换成了职员过剩的工作负担。

总而言之，对于那些以日本消费者为销售对象的商务来说，将英语设定为公司工作语的行为只会让自身变得更为拘谨死板。当竞争企业正在思考创意性广告台词时，或许他们这边还在忙于翻译的工作无法抽身。

使用英语的好处

介绍完英语的负面影响后，再向大家说说使用英语的意义吧！答案十分简单，其价值也相对明确，那便是英语方便职员之间横纵双向沟通、顺利交换信息。

用英语对话时，我们常常会忘记自身提高英语的本来目的。换言之，我们就像原本就会英语一样，不为任何目的地使用着英语。这对于企业来说，真是个价值不菲的产物，它已超越最初的投资，让职员之间的沟通变得更为便利，让信息的交换变得更为顺畅。

另外，使用英语沟通的价值还包括能够提高团队整体英语能力。宝洁在这方面是经验十足的企业。

首先，作为标准之一，宝洁要求职员之间须“纵向沟通”。具体说来，职员对美国及欧洲国际管理层人员的发言能听懂多少我们能向其反馈多少、增加多少名英语达人等，这是20世纪80年代之前日本宝洁在英语方面所处的阶段。

标准之二，计划推进小组中也要有会英语的人才。特别是在有外国成员的小组，会英语的日本人作为成员之一，须充分发挥自身机能，尤其是领导机能。如能实现这一需求，公司内部人才便可打破国境的约束，完成国际化的沟通。事实上，20世纪90年代以后，包括中国市场在内的亚洲计划大都由日本人担任领导，英语的价值在此时被最大限度地彰显。

标准之三，亦是最重要的。世界各地职员之间能用英语畅所欲言，尽情交流。特别是横向交流，它是团队得以全球化的关键所在。

英语可以让世界各分公司的“同事”互相交换信息，共同工作，共同进步。

无论是上司与部下，还是计划推进小组各组员之间，都能通过英语完成对话。我们将这一标准称之为“运用自如标准”。对那些处于横向关系的“同事”来说，他们原本没有任何直接的业务往来，现在大家可借助英语为桥梁，加强联络交流。因此，英语还为我们带来了另外一个价值——建立崭新的交流关系。

到达最后一个阶段后，英语的使用意义被扩大化，其优点更是价值连城。

传达信息更为明确

在公司内部使用英语还有一大优点，那便是可以比广告及PR等信息更为明确地加深消费者的理解。这一效果须经“翻译”加工方可实现。

日语存在很多模棱两可的词语，意义广泛，上下文意思时常会发生变化。当然，这是语言特有的性质，并不存在好坏之分。

例如，“洗濯物が白くなる”这一说法非常普通。但当听到消费者“この製品は白くならない”的评论时，如能正确解释这句话的含义，那么对新产品的开发定然有所助益。但倘若解释错误的话，就无法提供消费者期望的产品了。

总而言之，准确把握“白くなる”的意思至关重要，翻译时，某些词语的意思是被特定化的。如直译“白くなる”的话，便是“Whitening”的意思，但此时我们仍应注意该单词的意思是否与原日语的意思一致。通过这番思考后，再来仔细考量这句评论的意思。

我们可以将“この製品は白くならない”的意思理解为“用贵公司生产的洗涤剂，清洗洒有意大利通心粉调味汁的儿童水色T恤时，汁渍仍有残留”。

这样，“白くなる”的真实意思就明白了。“老板（消费者）”现在的需求并不是让T恤整体变白的技术，而是“Cleaning=洗净力”“Soil Removal=去污效果”。唯有将这一信息明确之后，才能将具体方案投入到新产品的开发当中去。

从消费者的评论中寻找新需求时，由于要将阅读的结果用英语写成文件，因此，“翻译作业”就显得尤为重要了。为了防止评论的真实含义被误导，翻译人员必须深刻理解评论的真意，确定是否有特定中心语。

当然，即便不使用英语，企业也应认真理解消费者评论的真实意思。但如使用英语，便可有效帮助企业将这一行为流程化，如此一来，也将明确消费者意图的可能性提高了不少。

另外，通过广告等形式将信息传达给消费者时，英语的使用也同样能够起到确认词语是否模棱两可的作用。

就拿“呵护肌肤”这句话来说吧，根据不同的上下文内容，期待的对象也将有所变化。假设上下文内容是“在此之前使用的是不具有呵护肌肤效果的成分，现在换成了一种全新的成分，该成分能有效帮助我们呵护肌肤”的话，“呵护”在这里的意思就是“Safety”。

但若换作“呵护衣物”的话，“呵护”的意思就变成了“Softness=柔软”。总而言之，只有准确把握与“老板（消费者）”的约定，才能统一对相关部门的解释。为此，我们应尽量避免因日语语义暧昧而导致的误解。

除让消费者清晰理解之外，即便是公司内部的沟通，也应尽量明确自己语句的含义。这点非常重要。在公司内部使用英语沟通，可避免日语带来的歧义之险。总之，使用英语可提高意识性交流的质量。当然，如若再将英语暧昧化的话，那就没有任何意义了……

提高计划质量，加强全球化信息交换

我发现，在工作中，很少有人会去主动改变自己的思维方式及行事方法。我还发现，“当我做一件事时，公司里肯定还有正在跟我做同一件事或类似业务的人”。

当人开始着迷于一个项目时，他便会被那个世界深深地吸引住。以理解消费者为目标的人，常常可以提出最完美的解决方案，而他们了解到的消费者需求、思考战略，以及由此产生的想法也都通过项目流程得以体现。

那时，人往往会认为自己做的计划才是正解、才是唯一，并认为自己就是这个主题的先锋。

下面为大家讲述一个我在策划新主题时的事例。我收到一封邮件：“我们团队正在专心协助专家策划店面推销的项目，听说日本团队也在策划这一项目，能否向您请教日本这边的策划详情？”

这是欧洲某国负责人向我发来的邮件，看完他的说明后，我得知对方与我一样都在着手策划某个项目。经过多封邮件的沟通，我们互相学习，都得到了可供参考的信息。

倘若不是这封邮件，想必在很长一段时间内，我都在自以为是地依靠自己不够充分的知识策划项目。

对于全球性公司来说，如多个团队同时策划一个主题的话，该公司的办事效率将面临大打折扣的危险。当然，这里所说的同一主题并不是从头到尾彻底相同的意思。

但是，若策划同一主题的负责人之间能相互交换信息的话，双方的项目质量都将得到提高，完成的效率也将大大提升。

图10 全球性企业真正的优势

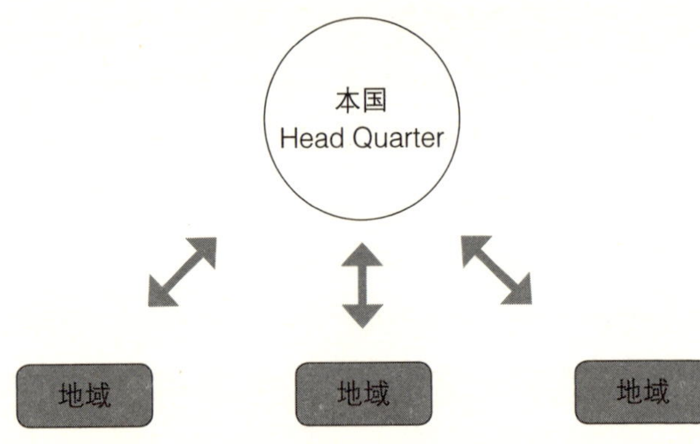

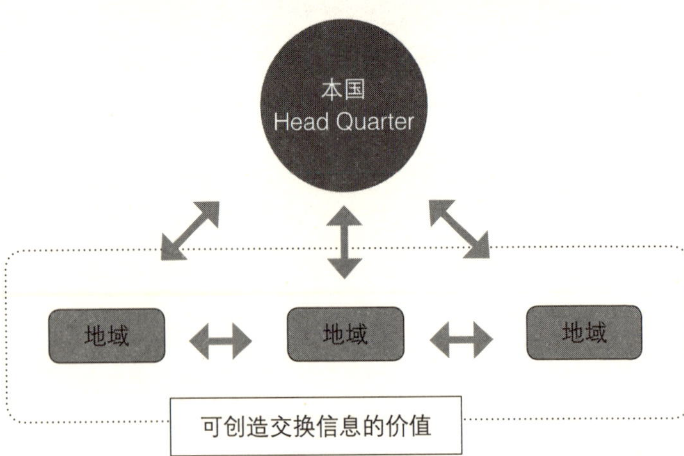

当然，“确认哪个分公司正在策划同一主题或类似主题”是互相交换信息的前提（图10，见上页）。

提升了项目策划质量

在与上层开会时，很多职员都非常希望能借此机会得到领导的认可。于是，他们拼尽全力，尽量说服领导同意自己的观点或提案。这一表现其实是面对会议时的短暂精神作用。曾经的我，在开会前也总会陷入这样的状态，满脑子都是诸如“要是领导这样问的话，我就这样回答”“领导一定会这样说，倘若我没有给出充分的理由或说明，肯定会失败”之类的疑虑。

那时，我的脑海中总会出现这样的争论：

“美国那边配有漂白剂的洗涤剂已成功上市，日本这边能否也尝试着发售一下？”

“在日本，漂白剂给人一种非常厉害的印象，因此，能接受该成分的消费者估计少之又少。”

“但事实上美国的消费者都接受了，日本的消费者看到它的清洁力后说不定也能接受呢？”

“想让日本消费者接受，我认为很难。”

2000年后，这一争论的内容发生了变化：

“世界各地配有漂白剂的洗涤剂都卖得很好。日本这边是否也尝试卖卖看？”

“现在哪个国家卖得最好？提起漂白剂，日本人就会有种说不出的畏惧感。所以，我们首先必须想一个广泛呼吁大家积极使用漂白剂的方法。”

“美国当初也存在类似问题，但听说美国宝洁在CM[1]中向消费者再三保证漂白剂不存在任何安全问题，并列举了漂白剂的各种优点，其后消费者渐渐地也就接受了。我这就联系美国相关团队，跟他们确认详细内容。”

另外，记得有一次，在跟宝洁日本社长开会时，也发生了一场类似的争论：

“今后，在推销该商品时，要重点推荐它的节水特征。现在已经有几个构思了，消费者调查也获得了良好的反映。”

“去年英国团队也开展了这一项目，貌似计划推进得非常顺利。你们试着联系一下英国团队，问问他们成功的经验，然后再继续推进。”

现如今，类似争论的性质及方向都有了明确的改变。以

1. CM：电视广告被称为“CM”，即“commercial message”的简称。

前，各国的分公司都是独自尝试，关起门来搞建设，即便成功也只是在本国继续开展。真正的全球公司是从2000年以后才逐渐形成的，大家纷纷向成功国家取经并加以活用，业务活动的开展效率也相应得到了提高。

对于重视革新的团队来说，借鉴他国成功经验的做法非常有必要。虽然革新给人的直觉是“要开发出世界其他团队尚未开发的技术或商品”，即活用他人已经验证成功的经验并非革新。但管理层在与部下沟通时，仍应强调参考成功经验的重要性。宝洁的所有职员已都渐渐明白了“活用成功经验与革新具有同等价值”的道理，因为如不借鉴其他分公司的成功经验，自己闭起眼来盲目尝试的话，只会让业务的效率变低。

平衡“中轴商务”与“陌生商务”

“熟知商务”是宝洁之所以能在全球取得成功的原因之一。即便是同样的消费品，也因为其地域范畴而存有差异。不过，它们却能在全球找到与自身存有共通倾向及成功经验的另一个商品。

世界有很多共通新商品，第一次购买（试用）往往是一决胜负的关键。洗发水等新商品都属于循环范畴短暂类商品。

一般说来，当消费者对正在使用的商品怀有强烈的好感时，便会一度痴迷于该商品，甚至放弃尝试其他商品。特别是健康品牌的商品，消费者担心一旦更换品牌商品的质量会得不到保证，等等。像这类商品，厂家与其投入资金研发新产品，倒不如开展一些能够提高顾客对商品信赖度的活动，进而抢占更多的市场占有率。

在思考全球战略时，首先考虑的是地域倾向，而很多人常常会被这一步束缚住。日本人是这样，中国人、美国人、欧洲人也是那样……陷入各种地域分析状态无法自拔，并在此基础上构思对策。当然，地域不同，消费者的文化、生活习惯也各不相同。但是除地域范畴之外，洗涤剂拥有洗涤剂的特征，纸尿布拥有纸尿布的特征，化妆品也同样拥有化妆品的特征，所有商品都拥有各自的特征。

为了活用这些知识及见解，宝洁正在做几件事。

首先，公司制定了一个名为“全球商务单位”的事业部制度。宝洁利用“网眼结构”，正在逐步将该组织体制覆盖至世界各地的分公司。国际企业通常都会把全球分成好几个地域组织机构，亦即每个国家的分公司都有一套属于自己的运营体制。然而，宝洁的全球商务单位却垄断了其所有分公司的管理事业部。在事业部制度成立的同时，宝洁活用各分公司的特有技术经验，进而建立全方位的世界战略。

商品部门大致分为以下三大类：洗涤剂及纸制品等家庭用品属于“家庭护理”类，健康生活类用品属于“健康&冷暖”类，美容及身体护理类用品属于“美容&装扮”类，其中某些类似范畴也正在被细分化。每个范畴的商品经验值都被集中在一起，目的就是为了方便今后做商务计划（图11，见下页）。

此外，宝洁还在各事业部门为这些特定范畴提出了一个“中轴商务”的定义，并明确规定了哪些业务属于焦点事业。所谓的“中轴商务”，是指对于公司来说非常重要的商务，也是优先于其他一切商务的商务。

日本这边除了婴儿护理、织物护理、家庭护理、女性护理、秀发护理、肌肤护理等商务之外，还增加了牙齿磨牙刷等口腔护理、厨房用纸等家庭护理，以及香水等商务。只要是“熟知商务”，都会尽最大努力投入精力。同时，这些商务也是公司的主干商务，有中流砥柱之效。

如任凭这些“熟知商务”故步自封缓慢发展的话，企业的成长也只能踏步不前。因此，我们应视情况积极促进其发展。

在成功经验的基础上，不断充实“熟知范畴”，如此一来，企业才可持续发展。

图11 宝洁利用“网眼结构”，将组织体制覆盖至全世界

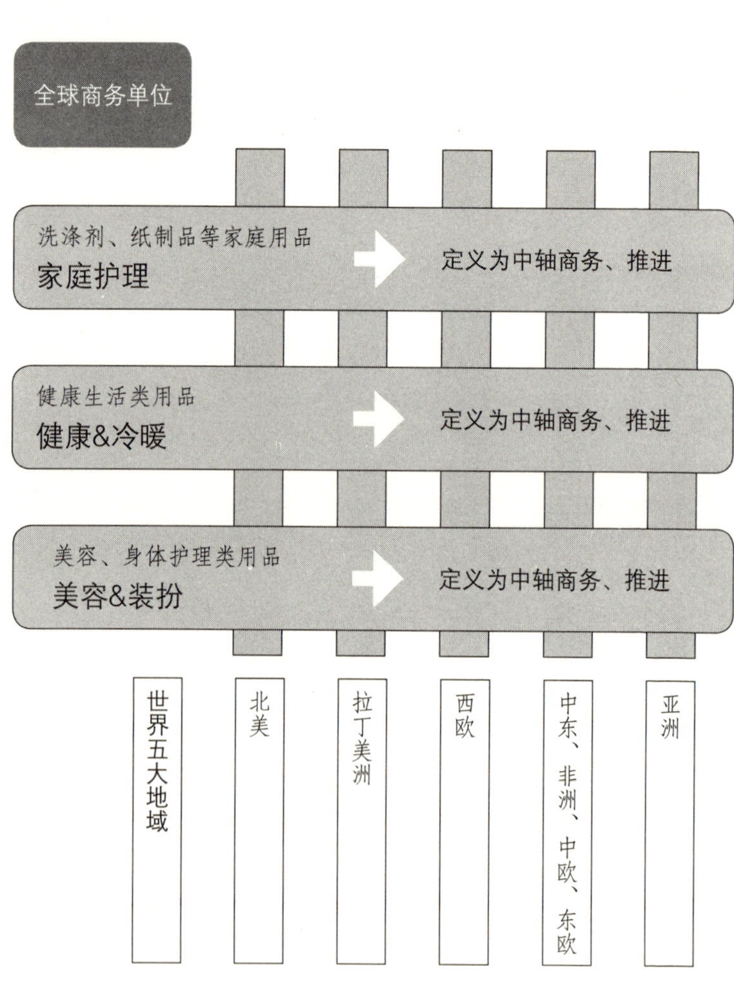

打造团队凝聚力

交换各种成功经验及技术信息是促成“全球商务单位”不可或缺的因素。

如今，只要知道邮箱地址便可进行简单的沟通。然而，仅凭邮箱地址的话，无法完成最自然的信息交换。我在现有经验的基础上，总结了三条促进经验技术共享的要点。

第一，必须明确所有成员的工作地点、职位及工作内容。

我们可以给全员发送一封自我介绍的认识邮件，并将对方邮箱地址分门别类地归纳到邮件列表当中去。不过，要想获得有价值的信息，还得通过平时的相互沟通才能实现。当想要得到某方面的详细信息时，如能立即找准对象进行咨询确认的话，信息沟通便会自然而然地展开。

数年前，我所在的部门制作了一份各国部长及其以上职位人员的基本信息花名册，被统计的对象有100人左右，基本信息包括名字、照片、负责区域、职位、联络方式。这对我来说，真的是一份非常有用的资料。

第二，管理人员及负责人必须担当起积极策划团队活动的责任。管理人员在支援活动的同时，应将活动的有用性传达给团队，积极鼓励队员参加。

此时，负责人如能充当运营领导的话，不仅可以促使队员团结合作，还能加深团体友谊。对于一个网络活动来说，如没有领导主管的人，那么它只能是一个没有实质性意义的活动。为了避免这一现象，宝洁将这一使命作为重要任务交给了负责人，而负责人的最佳成果就是让大家团结一心。

最后第三点，为成员创造实体见面的机会。虽然当下网络化工作相当先进且成熟，还能减低成本压力，但是让成员实体见面也是具有切实价值的。我们不需要制订一个定期见面的计划，只要让双方互见一面即可。之后利用网络沟通，便可起到加深关系的效果。因此，第一面显得尤为重要。虽然让成员见面需要用一些经费，但如能通过见面换来有价值的信息，我想这项投资还是非常值得的。

② 从创造“知识”开始

企业就像一所大学校

听说有很多职员在宝洁工作时都有一种上商业学校的感觉。确实，我本人也有同样的感受，只是我觉得宝洁更像“学会”罢了。为什么这么说呢？因为借鉴成功经验、积累知识、努力构筑属于自己的技术框架等，这些都是宝洁业务的一部分。

就像我之前所讲述的一样，信息共享可通过电话及邮件相互交换来实现。但仅凭这一部分信息，企业知识是无法得以扩充的。因此，宝洁会尽量以“文件”的形式记录下经验及成功案例，然后再将其编写进所有职员都能阅读的系统中。

若其话题性较强，宝洁则会选择薄书的方式汇总出版。出版后，将书籍分发到各国分公司的相关部门，让各团队参考学习。有时，还会资助那些取得成功的团队，让他们去各地研修旅行。

业内将宝洁系统性汇总成功经验的做法称为革新之举。例如数年前，宝洁曾就公共关系这一课题，召集世界各地的相关负责人，让他们汇总公共关系营销方面的经验技术。

所谓的公共关系，通常是指以媒体及专家为接点，传播企业及商品信息的活动。但宝洁希望能借助公共关系这一新型营销手段，改变消费者意识。从“单纯的信息传播”到“战略性商务的活用”，到底应该如何与媒体及专家建立接点呢？来自各地的负责人在现有经验的基础上提出自己的意见，经过半年的讨论，终于将大家的经验技术集中到了一处。

在某些业务上，公共关系对其无用的价值是什么？什么时候使用公共关系效果最佳？成功的秘诀是什么？如何检测其效果？等等。过去的经验值在此时被最大化彰显。

最后将这些汇总的结果制作成一本小册子，既方便所有负责人使用，又可提高团队机能、统一各团队间的水平。

此外，对于新课题来说，之前经验的汇总也能在其后期技术开发方面发挥巨大的作用。比方说某技术的一部分在美国被公开发表过，并曾轰动一时的话，该技术的核心情报便可以“社外秘”的形式在公司内部被活用。

其他方面亦是如此，包括品牌建设方法、店面交流法等在内，各式各样的话题都可汇总成类似学会资料的知识技术册，被所有团队共享。我认为，这是宝洁丰富团队知识的一种方式。正所谓学海无涯，大家尽可通过“学会”活动充实自己。

“学习”的意识

前文已为大家讲述，宝洁公司内部使用的语言有些特别。下面就以“Learnings”这一单词为例，展开这一小节的叙述。所谓的“Learn”，就是“学习”的意思，“Learning”是“学习”的进行时。然而，宝洁为了表示大家正在学习这一意思，在“学习”进行时的基础上添加了一个复数形，构成了“Learnings”这个单词。

公司每天都在频繁使用该单词，它是支撑团队进步的动力。

每项工作都有“结果”，而结果的汇报通常要采取业务报告的形式。这里所说的“Learnings”是一个与工作结果同时产生的东西，它既是自我“学习”的一种，也是以意识形式存在于脑海中的思维方式之一。

这次收获了成功的结果，但如不好好把握成功的原因，下次就很难借鉴这次成功的经验。而即便这次活动以失败告终，失败总是有原因的，如能好好分析总结这次失败的根源，那么下次就很有可能会成功。

在个人能力提升方面，它也是大有助益的。工作结束后，我们应主动汇报“结果”、认真“Learnings”，即分析成功及失败的原因。有句古话叫温故而知新，当回过头来好好分析的时候，说不定还会有全新的发现。通过以上训练，我们可养成自主分析工作成败之由、自主考量工作质量的良好习惯。

在宝洁，职员不会因为一次失败而被降职。因为谁都会有失败的时候，人无完人，最重要的是，失败的人能不能通过“Learnings”重新站起来。另外，公司内部还有这样一句话：“失败乃成功之母。”

想要成为重视“Learnings”的团队其实一点都不难。大家可以尝试着在报告文件的最后面加上“Learnings栏”，并以3点归纳的方式，列举出无论失败还是成功都必须“Learnings”的理由。倘若这一行为能成为公司内部的一条习惯，那么，企业就一定能打造出经验技术丰富的团队。

“学习”的窍门

在第1章中，我已经为大家介绍了习成“Learnings”及经验技术技能的方法，那便是条理化的思考及沟通。这一方法从职员入社时就被反复训练，虽然上手并非什么难事，但这里面还是藏有几个小窍门。

对于“Learnings”能力来说，没有任何事情比回到“目的”来得更重要。换言之，倘若能重新思考该活动开展的目的，便能从中学到不少。现在我们假设目的是“为了某项目收集特定信息”，那么我们第一步要做的是，在纸上列举出对于该项目来说必要的信息，然后再为每条信息制作一份空表。紧接着再利用填充法，将从每条信息中学来的东西（= Learnings）填写到对应的空表中去，如此一来，便能有效收集特定信息。

另外，由于“Learnings”与下次机会紧密相连，所以我们千万不要忘记通过“Learnings”，分析总结上次失败的原因及经验，为下次的成功打下扎实的基础。

另一方面，比起“Learnings”能力的练就，经验技术汇总能力的习成也并不容易。不过，该能力的掌握也是有小窍门的。

首先，我们应该明确“目的”，即我们需要汇总哪方面的经验技术。我们之所以无法掌握经验技术，主要还是因为未明确自己经验技术的汇总方向。

在处理课题时，我们可以去向有经验有技术的人讨教，这一点非常重要。因为自身的视野是有限的，如能听听其他人的意见，不仅可以学到各式各样的知识，还能根据不同的场合加以利用。在具体操作时，我们不用立即将从他人那里学来的经验知识汇聚成一篇文章，只要把握自己及他人经验技术的关键词即可，然后再慢慢展开，这样会更便利且更有效果。

团队精神最重要

如前文所述，经验技术能力的习成有窍门可走。而想提高该技能，“团队专心致志的态度”最重要。团队经验技术的积攒需要有重点，还须投入足够的精力及时间。

假设某团队经过一番努力后，新任务有了十分出色的结果，但该团队并未抽空汇总这次成功的秘诀，那么，对于团队来说就失去了一次经验技术汇总的机会。不论什么项目，达到目标即为成功，虽然随着结果的显现，该项目可以圆满结束，但这次的经验通常可以循环到下次的工作当中去。因此，对于团队来说，我们不应只追求项目结果，我们还应努力通过经验技术汇总的方式，将这次的成功秘诀传授给公司的其他职员。想要认真完成这一汇总，团队管理人员的表率作用不容忽视，他们应与团队队员一起，共同努力汇总当下的经验技术。

近年来，宝洁的亚洲市场非常重视经验技术的总结，并积极致力于亚洲经验技术的共享。日本团队作为亚洲市场的领导，在项目取得成功的同时认真汇总经验技术，为亚洲其他国家的成功作出了巨大的贡献。

对企业来说，所有成功事例及其经验技术都是下一个商务的起源。

特别是全球性企业，必须付出精力及时间来做好这件事。

③ 走向世界的努力

抛弃“只顾自己”的想法

看到其他国家的宝洁职员时，几个深刻的感想总是瞬间涌上心头。其中之一就是他们中的大部分在“公司内部信息收集”方面表现得尤为积极。具体说来，就是相关负责人会想方设法收集各方面的信息，尽量多地获取资料，目的就是为了方便自己今后的工作。

与之不同的是，日本人无论何时何地都无法抛弃其“只顾自己”的想法。日本人认为唯有自己才能真正理解自己，因此，很快就陷入了只靠自己构思的泥沼。

特别是当明白与其他国家常识存有差异的时候，“只有日本人才懂日本”的想法便会立即占据日本人的大脑。

即便是同一个公司的职员在进行轻松愉快的接触时，也会出现只听自己想听的内容的现象，这是深谋远虑的日本人的一般感觉。就算找个商量的人，也只会找那些平常比较亲近的人。日本人确确实实有这样的倾向吧。

全球性企业要想走向成功，要想让日本人发挥出他们的重要作用，就必须让他们清醒地认识到自己的岛国意识。换言之，要让日本人意识到自己也是世界的一部分，应该与世界积极交流。

世界其他地区分公司的负责人在接到其他国家同事的询问时，几乎都显得非常高兴也乐于帮忙。日本人也应跟他们一样，学会抓住帮助他国、为他国作贡献的机会。当然，这也是我们自身项目质量得以提高的良机。

不准说诸如“这边”“那边”的言辞

在全球性企业中，如职员的岛国意识太过强烈的话，终会酿成问题。虽然在与其他国家负责人交换信息时不会发生太大的问题，但换作必须齐心协力互相帮助做项目时，只要稍稍有些不顺，很多日本人就会说出这样的话：

“这边明明做了这么多，那边却一点都不认真。”

“这边这么说，那边却总是提反对意见。”

“那边根本不明白这边的想法。”

在全球性企业工作的人，就不应该说些诸如“这边”“那边”的言辞，否则就会患上“这边对那边”的综合征，事情的进展也只会停滞不前，甚至逐步倒退。这些言辞是不信任感及不满情绪的代名词，它们只会让事情无法顺利进行下去。

我曾经参加过一个项目，其间就发生过类似状况。这是某一个商品在海外工厂生产、在日本市场销售的项目。其实，宝洁的品质管理无论到哪里都是一流的。然而，其他国家在看完日本市场要求的品质水准后，反映该水准过高。

在几次来回商谈后，必须满足市场需求的“这边”（即日本）与不想唯独为了日本而改变产品规格的“那边”（即海外工厂）发生了激烈的争论。

最终，“这边”为要求的项目排上优先名次并缩减项目数的同时，对“那边”详细说明了市场状况后，“那边”也给予了理解。

虽然最后的结果还算圆满，该冷静的当事人也都冷静了下来，但是为了这次争论，不知双方浪费了多少时间和精力，这才是最令人难以置信的所在。

为了防止类似状况再次出现，至少应该首先舍弃“这边”的意识，我认为这一点非常重要。一起工作的人，都是一个项目的成员，本不应该存在“这边对那边”的说法。

而且如果经常说“这边”或“那边”的话，那么我们的“多样性对应能力”便会严重受到牵制。跟其他国家的职员一起工作，双方工作推进的方式、说话方式、思维方式等原本就是千差万别，这是理所当然的事实。因此，我们不应该指责对方是对是错，只须用包容的眼光看待即可，只须让工作进展顺利即可，难道不是吗？日本人想要在全球性企业获取成功的话，这一点至关重要。

所谓的多样性对应，就是应该认清其必要性，从多方位多角度思考对策，努力积攒处理问题的经验。

宝洁是一个由多国职员组建而成的全球性公司，每位职员的多样性对应能力是左右其成功与否的重要条件。而且，这一能力还能促使宝洁全体职员的沟通能力越发精湛。

很多企业都将多样性对应视为艰难的挑战，其实，这也是让自己变强大的机会。因“不同”而出现的各种现象能给企业带来更好的结果。职员不但要将多样性利用到问题的处理上，还应将其活用到企业的商务中去。

那么要怎么做才能学会多样性对应呢？宝洁为了让职员

亲身体会，特意将其他国家的同事插入到各部门及各团队中，唯有常常保持多样化的状态，才能学会多样性对应，才能学以致用。

成功打造全球性企业的三大秘诀

日本人想在全球性团队中发展前进的话，就必须成为一名与其他国家优秀职员实力相当的选手。为了实现这一目标，必须提高“英语能力”，通过英语与其他人进行交流。

日本宝洁非常重视职员的沟通能力，为了充实这一能力，时常会在公司内部开展研修活动。以美国总部为中心，美国及欧洲的所有分公司占据了宝洁总商务的63%，从这一数据不难看出，使用英语的西欧式交流已成为主流。在这样激烈的形势下，日本人想要出人头地的话，就应该紧跟主流，积极掌握英语。

如是日本企业在全球展开事业的话，那么我认为日本人就没有必要全面性地掌握西洋的交流方式了。而在一个以西洋交流风格为主流的企业当中，掌握英语是最基本的必杀技。日本人想在全球性企业立足，至少应该具备以下三大素质。

首先是“养成主动提供信息的良好习惯”。面对外国人的提问，日本人常常只会针对问题回复答案。

这让我感到日本人不仅仅只是害怕说英语，同时还欠缺凭借自己现有信息及想法提高自身价值的意识。所谓的信息分享，只要说出自己想说的内容即可，因此，希望日本人不要有所顾虑，尽量在实践中逐步养成积极把信息提供给对方的良好习惯。

我曾多次参加“全球会议”，对信息分享可谓是深有体会。如你不积极提供信息，就会被大家冷落。因此，想要让日本的事情放在会议桌上探讨的话，就必须学会自己开口说，除此之外别无他法。

其次是“努力推销自我”。想成为一名成功人士，就必须让对方记住自己的名字。因此，主动制造推销自我的机会显得尤为重要。每当换新工作时，我都会调查一遍该业务的相关重要人物，然后想方设法与对方见上一面。这样做的目的，就是为了让这些重要人物认识“日本的高田”，并关注他。另外，如对方知道我的名字并与我有过一面之缘的话，今后双方的邮件交流也将变得更为顺畅。所以，这是我们首先应该做的事情。

第三是“把成功经历当成功劳，积极讲述给对方听”。

日本人在做事时总是抱有顾虑，他们不喜欢夸耀自己曾经做过的事情，更不喜欢把自己的成功经历当成功劳对他人讲述，他们认为这是一种非常丢人的行为。下面我们就来看看美国人、欧洲人及中国人，在这方面的做法。他们可谓是毫不犹豫，因为他们认为积极讲述功劳的同时，也是在讲述“自己的价值”。也许，在日本人看来，自己的价值应该由旁人给予评断，但是，如把舞台导向全世界的话，就非常有必要通过自我陈述来展现自身的价值。

以前，团队领导曾说过这样一句话：

“被公司认可的秘诀之一就是展现自己的实绩。”

这句话如解释错误的话，很有可能会被认为成功主义是耍小聪明的想法。然而，我却不以为然，甚至还将这句名言告诉了部下。想要对大家说出“自己有所成就”，就必须做成某件大事，让他们刮目相看。如能给商务带来巨大效益，给团队带来最直接利益，那么就没有人敢站出来否定自己。

通过讲述自己的功劳，给自己增加信心及力量，才能更好地投入到下一份工作中去。

人际关系将决定全球团队成功与否

对于企业多样性来说，人际关系的处理至关重要。全球团队的机能能否顺利发挥，主要还得看人际关系是否维护得妥当，这与日本商务是一致的。

即便是其他国家的职员，如熟人拜托提供信息，他们也会积极给予支持。倘若双方负责的是同一个项目，那么不仅可以给双方的工作带来很多便利，还可促进项目圆满完成。

不管在哪家企业工作，我们都会认识很多人，与这些人一起工作的机会自然也不少。如能通过工作，结识更多外国友人的话，还真是一件可喜可贺的事情啊。

倘若大家都把认识外国人当成一件好事的话，那么“这边对那边”的综合病症也将从此消失。现在看来，工作还真需要处理好人际关系。

在世界千千万万的人中，偶然结识了几位异国友人，这难道不是一件令人兴奋的事情吗？而且，我们的工作也会因为双方的相识而变得更为顺利。

通过观察，我发现美国人、欧洲人在与亚洲人打交道时，会显得十分开心。当然，对国际化氛围感兴趣是宝洁招聘职员的条件之一，因此，他们的心情应该是理所当然的吧！

无论公司大小，都应注重内部交流

宝洁现任CEO常常会对职员说这样一句话：

“作为宝洁的职员，我们不能自卖自夸说宝洁是大型公司，我们应该专心投入到工作中去，宝洁是否是大型公司自有外界评判。”

企业越大，公司内部经验技术及信息的膨胀量也就越大。当我们专心努力活用这些经验及信息的时候，公司便会逐渐扩大成长。

因此，无论公司规模大小，都应注重企业的内部交流，尽可能地最大限度活用信息。让这次的成功孵化下次的胜利，让这个团队的经验技术传承至下一个团队当中去。越是小规模的企业，越容易着手进行，而且效果也会在短期内显现。虽然内部交流对于大规模企业来说有些困难，但是只要大家努力去做，就一定会带来不一样的变化（图12，见下页）。

图12 全球化企业活用成功经验的构造图
（第四章小结）

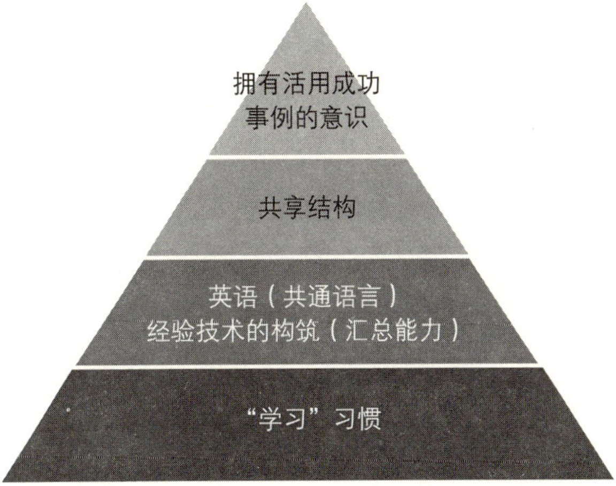

拥有活用成功
事例的意识

共享结构

英语（共通语言）
经验技术的构筑（汇总能力）

“学习”习惯

第五章

可持续发展：让大家拥有同一梦想

大型企业想要持续成长并不是件容易的事。宝洁之所以能够持续成长下去，主要是因为它有着始终向前看的精神。对于企业来说，不仅要时刻谨记自身发展目标，还应在信念的基础上扩展商务范畴，只有这样，才能持续发展下去。另外，宝洁还存有彻底提升职员沟通能力的特殊之举。

① “不做第二”

始终以“第一”为信念

民主党政权开始实施“事业分类”时，我记得公司内曾有人提出了这样一个问题。

“不做第一不行吗？为什么不能做第二？”

“事业分类”主要是让每种事业都能明确其价值，尽量不要出现浪费的现象。

如从其目的出发思考的话，这还确实是个一针见血的问题。

虽然已经过去了很多年，但公司内部仍有人会对这一问题产生质疑。下面就为大家列举一段职员与社长之间自由交换意见时的对话。

“我们为什么要以占据市场占有率第一为目标？即便第二、第三，我们也同样能够赚取同等的利益，难道不是吗？”

从企业经营角度出发，提出为什么一定要在如此严峻的日本市场位居第一，这真是个好问题。确实，宝洁在日本顺利成长的同时，也在不断发挥强力与其他优秀企业相互竞争市场占有率。这并不是简简单单便能得来的No.1，而是在巨额投资及职员的共同努力下方可争取到的。

关于职员的提问，社长回应道：

“我们的目标是在重要产品领域位居首位，如不成为No.1的话，那就不是宝洁。”

面对如此尖锐的问题，社长的回答虽有些勉强，但却十分明确。

大家都深信宝洁能够成为消费品领域的No.1。

将“成为第一”明确设定为企业目标

也许您会感到有些惊讶，但事实上，“成为第一”是宝洁明确化的企业目标。每位职员都必须拥有“为胜利付出热情”的价值观，“成为第一”是他们行动原则的一项标准，也是他们的“最高目标”。总而言之，“为了第一而努力奋斗”是宝洁一切业务的前提。

正如社长回答的，这一思想已渗透到了宝洁所有职员的心里，这是从上司到部下、从这一代宝洁人到下一代宝洁人都必须继承的DNA。

我也曾提过“为何要以占据市场率第一为目标”的问题，那时的我对这个问题并没有进行太过深度的思考，只是长期以来，一直把这一目标作为理所当然的事情。

由于企业活动需要注入这样的价值观及行为原则，因此，唯有在这一思想上达成共识的人，才能组合成一个团结的团队。

当然，成为第一并不意味着盲目投资或什么都要做第一。

对于一个新型产品范畴来说，成功需要年复一年的沉淀方可实现，它不仅需要短期性的目标，还需要与之相对应的投资计划。不过，所有产品的终极目标都是“No.1”，这一点是不可动摇的事实。

中国宝洁迅猛成长的原因

那么，成为第一真的有这么重要吗？

其实可以说这正是宝洁世界各地职员之所以拥有出色沟通能力的要因之一。大家常常以第一为目标，工作时该目标就会转换成职员尽力付出的动力。成为第一是一个一目了然的目标，以此为目标的话，职员心中会自然而然地产生一股自豪感。既然大家拥有同一个梦想，那么就没有理由不团结一心共同奋斗。

倘若离第一还有段距离的话，我们便可提出稍微现实点的短期目标，即“成为第二”。“暂且成为第二”的目标简单明确，同样可以给职员带来拼搏的动力。不过，“No.1”赋予大家的能量确实是其他一切数字都不能代替的，让大家拥有梦想是“No.1”的意义所在。

此外，如能占据市场首位，还会得到来自消费者的支持与鼓励，这同样可以化为动力促使我们加倍努力。占据首位后还将提高企业在市场中的影响力，为后期商务的投入带来更多便利。

总而言之，成为第一的目标不仅可以转换成职员工作的动力，还能为后期产品的销售带来更多便利。

最近，中国宝洁的社长说了这样一句话：“我所做的一切都是为了让中国宝洁职员拥有一个名为‘中国宝洁中国第一企业’的梦想及热情，仅此而已。”这位社长是一个从未在亚洲工作过的意大利人，几年前担任中国宝洁社长后，便成为了一位广聚贤才、让中国商务突飞猛进的优秀领导。

听到这句话后，我猛然明白了中国宝洁为何能在如此之短的时间内迅猛成长的缘由。中国宝洁的每位职员都在为了“第一”而拼命努力，他们凭借团结一致的伟大能量，将不可能的事情变成了现实，同时也证明了自己。

这位社长肯定时常用“成为第一”这一目标来激励自己的职员吧。此刻，他辛勤努力的样子正浮现在我眼前。

这一目标就是这样在世界各地的宝洁被反复实践，无论是新产品的研发，还是新市场的开拓，每位职员都抱着理想及热情，想方设法让宝洁成为“第一”。

共享成功正能量

为了实现“No.1”这一目标，首先我们必须明确“No.1”的具体项，这点非常关键。换言之，倘若团队并不明确某一领域必须达成“No.1”的对象是什么，那么不仅无法有的放矢，还将陷入极度混乱。

比方说，在这一领域必须第一、在这一范畴必须第一、在这个部门必须第一、在诸多新产品中必须第一，等等。一旦给框架设定定义的话，目标的内容就会发生改变。

另外，就商务目标来说，虽然位居市场首位是比较浅显易懂的目标，但我们仍须作出详细的判断并设下具体的定义，例如利益第一、增长率第一、顾客满足度第一，等等。

虽然我们可以设定各种目标，但只有当目标符合团队现有水平，即虽是梦想却触手可及的目标，才能激发出职员的斗志及潜力。

如能达成“No.1”的目标，不仅能带给团队极大的满足感，还能增强其信心。而成为第一的消息也将以最快的速度在公司内部传开。

“这周还是第一次位居该领域首位呢！”

“在诸多新商品中，我们的产品占据了市场第一！”

产品相关负责人就这样用最兴奋的语气将成为第一的好消息传达给全部门的职员。有一种机制叫作——“成功呼唤成功”，具体说来，好消息能给团队注入新鲜的活力及干劲，能积极促使下一个项目的成功。

无论哪个团队，听到公司内部有好消息，想必都会欣喜万分吧！或许，日本人在这一时刻的表现会不太尽如人意，因为他们不希望周围人一眼就看穿自己的内心。然而，“成为第一”是一个既直接又刺激的消息，因此，即便是日本人，对该消息也会失去抑制感情和多虑的免疫。

综上所述，当团队共有目标实现时，团队成员不仅会喜出望外，还会给团队注入更团结的力量。

怎么做才能认识到自己的“强项”，并彻底实践下去

从战略角度来考虑，想要成为第一，首先必须给出成为第一的理由。

所有企业都有一份属于自己的“成长战略”，它将指引我们如何寻找扩大商务的良机，并预见成功的大小及种类。倘若没有一份明确的方法指导战略，企业将难以顺利成长。

宝洁正在逐步统一世界各职员的思考模式，而统一的关键词便是“我们的强项”。换言之，宝洁正在向世界各职员灌输“发挥强项”的思考方式。当然，该思考方式本身并不特别。在思考如何经营时，谁都会考虑是否能通过“强项”拉开与其他企业之间的距离，甚至取得进一步成功。

然而，我们时常会受到市场方向性及其他竞争公司动向的影响，以至于“发挥强项”的战略被二次化制定。

另外，企业常常置身于动态市场中无法定向，无法准确把握自身“强项”的情况也时有发生。

鉴于以上现象，宝洁将“强项”固定为经营思考模式的中心轴，也就是说，无论如何思考都不能脱离“强项”这一中心主题。打开美国宝洁的主页，你会发现最大的亮点便是“强项”内容，这也充分体现了公司自信向上的团队能力。

· 理解消费者及市场
· 革新能力
· 品牌建设能力
· 开拓市场的能力
· 达成全球规模的能力

在本书中，我已详细介绍过这些能力。回过头再看，大家是否觉得这一列表还算稳妥？

这里最重要的是，我们要将这五项能力转换成自己的“强项”，宝洁就是以这样的标准，要求着世界各地的职员。

一旦有新商品问世，职员就必须全面活用这五项能力。怪不得大家都说宝洁的营销手法及新产品宣传都很有“宝洁的味道”，我想这主要还是因为以“强项”为基准，认真对待每个项目的缘故吧。

此外，这五项能力还含有“绝不输给其他企业”之意。对于规模庞大的团队来说，持续发挥“强项”的做法十分必要。迄今，我们依靠自身“强项”收获了各种成功，今后我们还应继续发挥自身“强项”，获取更多的成功。

小企业时期的优势

当下，产品品牌琳琅满目、数不胜数，日本企业也时常会有关于“今后如何打败其他竞争企业”的激烈讨论。不过，下面所说的话还是日本宝洁处于小规模时的事情。

拥有较多职员的公司曾自信满满地说过诸如“不管怎么发展，宝洁都无法成为能与日本大型企业互相竞争的超强公司”“宝洁规模实在是太小了”的言辞。听到这些话后，很多职员都失去了冲劲，公司的成长也变得越发缓慢起来。

“把小规模当成自己的强项！”

对于我来说，这是一个极具冲击性的构想，同时，这一构想也改变了我思考的方向。确实，大公司有大公司的“强项”，同样，小公司也有小公司的“强项”。

例如，小公司在团队交流时，总能迅速疏通，第一时间实施。正因为公司规模小，才赋予了大家期盼公司能越长越大的理想。宣传部在汇报业绩时，大家才会因为惊人的成长率而兴奋不已。

这一构想在公司内部传开后，所有职员都开始思考自己的“强项”是什么。

当与其他公司不一样的“差异点”被明确后，就必定有活用该“差异点”的方法。

对于当下正在逐步迈向全球化的日本宝洁来说，尽量活用自身“强项”仍是企业获取成功的重要手段。

把优势发挥出来

在宝洁，每个项目都有具体的战略，活用“强项”的理念也被贯彻其中。

每个品牌都有属于自己的特色“强项”。（换言之，正因为有“强项”才能成为驰名品牌）。就拿“Dawn”来说吧，“超强去油渍”就是被众多消费者所认同的“强项”。因此，利用该“强项”广泛推广是Dawn营销策略收获成功的必要条件。

另外，明确与其他公司存在的不同点，还能有效帮助我们捕捉具体的“强项”。比方说，商品范畴虽广泛，但将某范畴特定化的做法就是在活用“广泛”及“特定化”这一“强项”。

下面就为大家列举一个以广泛作为强项的实例，被列举的对象是宝洁的剃须品牌“吉列”和电动刮脸刀品牌“布朗”。宝洁将“吉列”划分至消费品范畴，把“布朗”划分至小型家电的范畴。虽然其他竞争企业的划分与宝洁不太一样，并且双方的流通路径也各不相同，但是，不管“吉列”还是“布朗”，它们的用途都是剃须。之所以要把这两个品牌区分开，是出于对用户生活习惯及喜好的考虑，还有就是对商品本身优缺点的判断。

作为同时拥有这两大品牌的企业，宝洁以各自的用户群为目标，兵分两路开展其业务。当然，这一营销战略是建立在充分活用各商品优点的基础上的，这两个品牌不应该相互争夺用户，而应该利用自身优点增加自己的用户数。总而言之，能想到该方案并给予实施的行为就是强项。

另一方面，对于那些被区分为“剃须派”和“电动刮脸刀派”的用户来说，公司的这一特定化决定不仅明智，还很专业。总之，竞争对手有竞争对手的强项，宝洁有宝洁的强项，因此，胜负主要取决于哪方能给消费者带来价值。

② 我们是庞大的大象

“精简”及“高效”：规避大企业通病

对于宝洁来说，虽然现在规模宏大，但却潜藏着巨大的“风险”及“弱点”。

我入社时是20世纪80年代，扩大团队是当时的明确目标。为了开拓新商务领域，宝洁一次次地扩大投资。实际上，通过该手段，团队也确确实实强大了不少。

然而，20世纪90年代末期时，企业却因规模过大而开始感觉到一股强烈的危机感。宝洁就像一头庞大的大象，慢慢意识到消费品商务的快速发展已渐渐成为其“弱点”。

大规模的公司不仅职员人数多，而且需要花费的成本也多。这些因素导致宝洁的行动步调开始放慢。

而且团队扩大化后，管理阶层自然也会相应增多。于是，每个项目实施前，都必须逐级得到每个管理人员的认可。有时为了强化各部门的管理体制，甚至还会增加一道需相关部门认可的步骤，最终，流程也越来越复杂。倘若是大家公认的项目那倒还好说，不仅可以获得诸多管理人员的一致认可，还能为调整行程预留出足够的时间。但换作难以判断的项目，被认可的进展就会越来越慢。

这时，管理人员不仅要思考如何回复该项目意见，还要顾虑如新技术商品化过程中出现问题的话，该如何解决。

越是重要且难以判断的项目，越难让所有管理人员意见统一。而这就是我们常说的“大企业通病”，随着项目被渐渐搁置，该病症也慢慢突显。

为了防止企业被这一致命症状所吞噬，宝洁职员凭借自己出色的沟通能力，制定出了“精简”及“高效”的对应措施。

虽然世界各地的职员数量繁多，但一旦察觉存有危机的话，就应立即将对应措施传达给各团队。

· 为了防止团队及项目进度被复杂化，应尽量精简。

· 重新评估自己的工作，追求高效化。

除此，还应尽量精简管理层人员，等等。虽然这些具体化措施实施起来也需要时间，但其效果却尤为显著。

历经10年的成长与变化，追求精简及高效已成为每位职员固有的思维模式。总之，将复杂事情简单化是每位职员必须具备的能力之一。那些高效率处理项目意见的领导也才是公认的优秀领导。

如能每日坚持“精简”及“高效”，便可预防大企业通病的来袭。在企业今后的成长路上，该措施也必定会继续实施下去。

“不束缚”的理念

在疏导巨型神经的同时，为了提高团队能力，宝洁正在进行着几项工作。而这几项工作的终极理念就是“不束缚”，即有效培养企业团队的社外优秀能力。

就拿公司内部系统来说吧，通常系统都是委托专门从事系统管理的公司来打理。在大型企业中，所有部门都以畅通运营为前提，理所当然地把系统管理业务转交给相关公司负责。可是，我们应该考虑到“全球化规模”的重要性，如各国都把自己的系统业务委托给其他公司，不仅麻烦还会影响效率。此时，我们就应该与一个系统管理公司签订一份全球化的系统管理合约，让一切事务得以精简。

对于技术开发来说，“开放革新”必不可少。换言之，我们必须积极引进外部革新技术。虽然当下宝洁给大家的是营销企业的形象，但其实它也是一家以出色的研究开发能力支撑业务经营的企业。此前，宝洁通常会凭借自身研究开发能力有计划地研发产品，但最近，约有一半的研发产品利用的是开放革新的技术。

宝洁将这一行为称之为“连接&发展”，如再赋予研究开发的意义，则可变通为“研究&发展”，这两种思维方式是齐驱并驾的。在信息交换如此便利的时代，“或许哪里有革新技术”既是宝洁工作的一部分，也是创新商务的重要手段。

以网站为窗口，成立专门的团队，努力发掘世界各大学的研究者、大型的风险公司等一切皆有可能的信息。

开放革新时，企业自身必须承担技术革新交换的费用，有很多企业因此而放弃革新。但在革新交换这个问题上，企业应该认识到不能因成本而止步。开放革新是一个为企业注入新鲜能量的好机会。

宝洁一直在通过连接&发展网站，搜集对自身可能有利的技术。比如，寻找像水质净化技术一样可以直接用来交易的技术商品。另外还有，缓和感冒症状的成分、即便一整天也不会令皮肤出油的化妆品成分、轻松消灭附在车上的虫子的技术，等等。总之，就是要搜集到那种仍有开发余地且能满足消费者需求的技术。

此外，为了社会可持续发展，今后绝对用得到的聚合物（不以石油为原料，洗涤剂成分中必含的高分子成分）等物质也被列入了搜索表。除直接运用到商品上的技术之外，有效抑制制造工程金属零件之间互相摩擦的新技术、成分分析技术等，也是宝洁搜寻的对象。

在集诸多出色技术于一体的日本，连接&发展也同样具有重要的作用。实际上，宝洁有很多产品都是采用了日本企业的技术。例如，在美国发售的一种名为“速易洁”的一次性拖把扫除用品就采用了日本竞争厂家的技术。宝洁利用日本中小型企业技术，开发新商品的例子还有很多。

还有一点，宝洁会与各种代理商合作，与外部建立起合作伙伴的关系。活用外部力量的思维模式与技术开放革新有着异曲同工之处。与其说宝洁是在活用代理商专项能力，倒不如说这是一种战略合作伙伴关系的创意构思。

一般说来，只要与广告代理商及厂家合作即可，但宝洁还会与公共关系代理商、广告物制作代理商建立战略合作伙伴关系。并同时赋予其转包公司的地位，这真的与那种极端追求成本效率的做法截然不同。

当然，宝洁之所以这么做，与联合社外最佳能力的初衷是息息相关的。

继续描绘“S状曲线”

这是好几年前的事情了，当时日本宝洁社长（他是德国人）在跟下一任领导作交接时，作为最后留下的信息，他说了一句非常重要的话。

我当时所在的公共关系部门经历了几年的奋斗，终于以实绩证明了公共关系活动对业务作出的贡献。随后，我们也从公司内部服务部门，即PR团队脱胎换骨转型为更积极且对业务作出战略性贡献的部门。

确实，这是一个集体营销型社会，这是一个通过社会营销手法吸引外部专家的顺风满帆时代。

社会营销法的顺利确立多亏了这位来自欧洲的社长的全面支持，他对我们这边的情况可谓是了如指掌。

但是，交接时这位社长以强调的形式说了这样一句话：“现在是最危险的时刻，大家要注意！”

对此，他进一步展开说明：

“无论做什么事情，都应注意描绘商务S状曲线，通过对点的观察，将起初进展不太顺利的业务渐渐做好。一旦曲线变成直线的话，就要试图阻止这一趋势。因为直线说明该团队在取得一定业绩后有骄傲不前的倾向，如不加以修正，那么直线的后面便是终点。鉴于其重要性，大家有必要从现在就开始描绘一张S状曲线图。”

这位社长想要告诉我们的是，越是小有成就的时候，越应该提高警惕，将精力投入到下一份工作当中去。虽然咬紧牙关终于盼来曙光的日子很不容易，虽然大家都有想要稍稍休息的心情，但是，正如这句话所言，“胜者必衰若沧桑，骄奢之人不长久”。

我们常说的大企业通病不正是这个症状吗？

一次次描绘S状曲线正是团队及企业持续成长的映像。成功之时，我们一定记住不能骄纵忘本，要把心思放在“下份工作”上（图13，见下页）。

不断超越自己

宝洁不需要“骄傲的人”。

“我们不应该满足现状，而应百尺竿头更进一步！”

这就是宝洁的思维模式。在其170余年的成长历史中，股票价格一落千丈的经历可谓是数不胜数，但经营出现穷途末路的情况却一次也未发生。也就是说，宝洁的经营状态一

图13 通过制作S状曲线图达到持续发展的目标

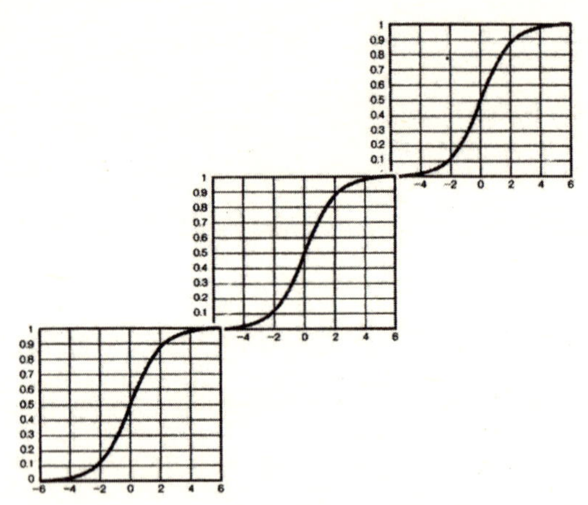

直保持得非常平稳。但是，就像S状曲线所包含的意义一样，越是一帆风顺的时候，越应该保持警惕，以平常心对待。因此，从企业角度出发，我们应该抱有一颗从不满足的心，时时刻刻都要为今后作打算。

不过，管理人员只强调不满足，会给公司内部造成巨大的压力。虽然短期内可以动员职员的不满足感及危机感，但时间一久就未必能保持了。职员奋发向上的冲劲来源于成就感及满足感。因此，“不应该满足现状”的话语也不能单独讲，在此之前，一定要加上诸如“该满足时就满足”“满足寄托了我们的自信和自豪”的衬托语才行。该高兴时，全公司都应该高兴才对。

其实，这样的事情想必每个企业都有发生吧？社长说明业绩后，与职员沟通未来时，首先都会表露出充实的满足感，然后再去谈一些课题的不足处，并展望未来。

宝洁在明确满足与不满足这一件事情上，并没有任何特别的地方。它的特别之处在于，当全员感到非常满足时，大家会去寻找仍不够满足的地方，并加以强调。正因为有这样的良好习惯，企业才能朝着更高的目标前行。

顺便提一下，当全员感到非常不满足时，他们也会去试着寻找满足的地方，这样做的目的就是为了赋予自己勇气，迎难而上。

即便成为了第一，宝洁人也会认为有不满足的地方；即便成为了第一，宝洁人也会去寻找自己的不足之处；即便成为第一，宝洁人也会继续思考自己应该做的事情。宝洁就是在这样的循环中持续成长的。

这样的思维模式在职员业务效率及质量的提高方面，也起到了非常有效的作用。我们做事情时，应以“不满足”为前提，尽量查找自己的不足之处，或为事情多寻求几条出路、多思考几个解决的良策，这些是我们日常工作中必须养成的良好习惯。

如缺乏向外看的意识，便无法察觉市场的变化

与放慢心态一样重要的是对于商务“环境变化”的敏感度。当企业发展到一定规模时，人们会容易产生“公司内部常识便是社会常识”的错觉。其实，我们应该实现自我突破，趁着知识缺乏的时候，积极确认是否还有其他不懂的市场常识，下意识地把目光投向公司外的行为比什么都重要，这也与能否迅猛对应市场变化息息相关。

我们不知道昨天的成功能否复制明天的成功。社会在变化，消费者在变化，公司的业务也应该发生变化。20世纪80年代，宝洁是一个“高端商务”的企业。那时的宝洁总是能掌握先进技术获取成功，同时，还能依靠其他商品不具备的机能卖出高价。简单说来，就是一种给现有商品增加附加值后高价出售的商务。

随着市场环境的变化，所有商务都不可能凭借其固有的模式发展下去，即便以高价出售为目标的品牌也不例外。当时，宝洁的商务中心以美国及欧洲为主，这一带的消费者为了追求最好的商品，宁愿支付更多的货币。日本这边亦是如此，“帮宝适”及“护舒宝”这两大品牌销售额与日俱增的事实便是最好的证明。然而，20世纪90年代之后，消费者及市场均开始发生明显变化。消费者的需求逐步走向多样化，不购买宝洁高价商品的消费者开始增多，这对于宝洁来说，

无疑是个大问题。舍弃高价商品，投奔零售店购买“专用商标”，即独自研发的低价商品的消费者越来越多。

由于宝洁的成功模式是高端商务，因此，作为与低价商品相对抗的策略，宝洁采取了更高机能、更高附加值、高价格的对策。但是，像洗涤剂、纸尿布这样范畴的商品，大家的基本技术都有所提升，所以，专用商标也能研发出同等的商品机能，并以低价出售。

当时，一位美国的开发负责人分别抽取了仅凭基本技术研制而成的洗涤剂试用品（A），以及宝洁倾入所有技术研制而成的试用品（B），然后就这两种试用品对消费者进行了一个测试。最终的结果不得不说有些意外，消费者对试用品（A）并没有表现出太过强烈的不满。

同一时期，宝洁以同样的高端战略打入中国市场。当时，中国人的家庭平均年收入还达不到日本的十分之一，而洗衣用洗涤剂的销售价却与日本同等。渐渐地，宝洁开始意识到，想以高价打入中国市场确实不大可能。

通过这次教训，宝洁的商务成功模式有了明显的转变。当然，提供高品质商品的理念并未有所改变，他们开始思考，对于众多消费者来说，价格差真的很关键吗？

中国市场是宝洁非常重视的市场之一，如不能给中国消费者提供普通价格的商品，那么中国市场就无法取得成功。总而言之，诸多事实证明，如继续维持现状，以高价出售商品，就将面临毫无市场的险境。

特别是在21世纪初期，“价值=支付价格”的观念日占主流，“老板（消费者）”们对商品价格的眼光也越来越苛刻。在这样的大趋势下，宝洁的战略从一味高价出售变更成了以适当价格出售高品质商品。

20世纪90年代后，市场每天都在发生着巨大的变化，宝洁看到了这一变化，并为此改变了自己。我们也应像宝洁一样，不断修正自己成功的模式。

“持续变更”是让成功持续的关键

营销手段自然也应该不断变化。近年来，由于社交媒介的出现，企业的营销很有可能会发生质的变化。可是，世界各企业紧抓有利时机并加以活用的战略却越来越难实现。

宝洁是以宣传媒介为平台，凭借集体营销手法而大获成功的企业。大量具有宣传效果的文句被刊登在宣传媒介上，目的就是为了获得消费者的认同及兴趣。

即便试用新产品，但如仍更习惯使用之前一直在使用的商品的话，今后也可继续凭个人喜好使用下去，这是集体营销的基本构造。

现在，各国都有数据显示，接触宣传媒介的消费者正在大批量地减少。通过社交媒体及因特网交换信息的现象正在逐步扩大化，而社交媒体及因特网可以为消费者提供更为广阔的阅读面，这确实对企业的销售额及品牌印象带来了不小的冲击。

宝洁营销部门的上层领导说：

“从前，在收音机时代灵活运用收音机做营销的企业创造了那一时代的市场，电视时代亦是如此。现在，唯有活用社交媒体的企业才能创造今后的市场。”

各企业都在为了社交媒体而调整自己的战略，宝洁也不例外。虽然拥有自信并成功建立起了自己的营销模式，但宝洁人知道这一模式不可能一直通用下去，在自我改变这方面，宝洁人拥有超强的认识。

③ 凝聚每一个人的力量

我们在做的两件事

截至目前，我已列举各种实例向大家介绍宝洁的独立沟通技术经验及其优越性。宝洁的企业能力来源于每位职员，无论是以成为第一为目标，还是常常抱有不满足的心态，每位职员都把这些当成“自己的事情”看待。正是职员的忠心及努力，将宝洁打造成了一家实力十足的企业。为了完成工作，宝洁职员正在积极做以下两件事。

第一件是练就“专项技能”。宝洁非常重视部门的专业性，招聘人才时也是按照部门类别有针对性地选择，因此，宝洁不会像培养公司内部知识达人一样给职员进行系统多功能的培训。如想进营销部门的话，那么应聘方就应该首先掌握营销方面的技能；如是调查部的话，最好前来应聘的是理解消费者的调查专家；如果是公共关系部，除必须拥有将社外能力运用到商务中的技能外，还须掌握每个部门的专业技能，且经验丰富。而且，每位职员都必须持有在个人专业领域努力提高自身价值的强烈意识，即“成为一流职员”的意识。

据说，宝洁职员即便辞职离开宝洁，也还能在其他企业保持活跃状态。我想这里最主要的原因还是“成为一流职员的意识”吧。倘若某企业想强化特定机能，且能引进具有专项能力的职员，那么对于企业来说，人事专家、营业专家等，一定是具有即战力的人才。

第二件事是，所有职员都持有“商务技能”的超强意识。这一点也可以说是宝洁的特色之一吧。从战略思考、影响他人方法等个人的技能到管理技能等，大家都很重视广泛商务技能的习成。因此，宝洁职员常常会鼓励自己多学东西，多掌握技能。

不管哪家企业的职员，对待工作，都应有一颗认真负责的心和全力以赴的职业态度。

我并不认为宝洁职员正在做的这两件事有何特别之处，但他们“掌握技能”的意识强度确实非常突出。正是这份意识，才引导自己走向成功（无论作为宝洁职员，还是其他企业职员）。同样，正因为拥有掌握各种技能的职员，宝洁才能成为一家独特的企业。

成就今日与培育下一代

对于企业来说，人才是公司财产的一部分，但又有多少企业会将人力物力真正投入到每一位团队职员的培养上呢？每位职员都拥有掌握技能的超强意识及团队全体的配合，是宝洁之所以能够有效培养人才的原因。

在宝洁团队中，拥有部下是一件非常有压力的事情。因为作为领导，肩负着“培养部下”的重担。不管团队级别有多高，哪怕是社长或副社长，也同样必须承担起培养部下的责任。

在专业棒球队中，时常会有“成就今日与培养年轻一代互相对立”或“比赛获胜与培养球队很难同时进行”的困扰，宝洁所有“上司”也常常为了这一压力而坚强奋斗。

上司必须根据部下现有经验，准确把握其可以掌握的技能方向及完成工作的能力。同时，上司还须给每位部下制订一份切实成长的计划。

这里最难的要点就是“每个人”。每位“上司”都必须确认、分析部下工作的内容及活动的进展，为其打造一份最合适的计划。这是上司必须掌握的技能，大家为了能够成为“优秀的上司”都拼命地奋斗着。

另外，组织也必须常常把握成员的相应状况，甚至制订个别培养计划。各部门部长以上级别人员会聚在一起，根据共有信息，从组织全局出发构筑培养计划。这一活动定期举行，在给予职员公正的人事评价的同时，还能为每位职员创造最适合自己的业务角色，为今后的领导层培育最优秀的接班人。

当然，这一活动必须以各部门分别管理自身人事业务为背景，这就意味着每个部门都明确持有培育旗下团队的责任。职员能为公司贡献多少力量，就要看所有管理人员及组织对各管辖范围内职员的培养程度了。这是一项史无前例的巨大任务。管理人员对部下培养作出的贡献与项目取得成功的贡献一脉相承，这也是企业对管理人员进行评价的一项标准。

我在宝洁工作的23年，为了部下和组织也付出了大量的时间和精力，起初平均每年付出的时间及精力占据了总数的五成有余，最后五年随着责任的加重，几乎占据了总数的八成。虽然对部下及组织付出的时间、精力如此之多，但作为回报，他们达成的业绩超乎预想。精心培育每一位部下，让组织变得更强大，这对管理人员来说，既是一项重大责任，也是一种自我挑战。

自己应承担的责任

不管怎么说，有一件事是绝对不能弄错的，那便是虽然上司持有培养部下的责任，但并非只要上司履行了该义务，部下就一定能够有所成长。部下也应担当起自我成长的责任，这是达成出色业绩不可或缺的要素之一。

我入社当天，我的第一位上司对我说了这样一句话，令我至今难以忘怀：

“作为上司，我会对你的工作给予最大的支持，但是，能否成功主要还在于你本人努力的程度。”

当时，我刚从大学毕业，原本是想通过这份工作多学点知识，所以，这句话令我十分震惊。在经历了23年的工作生涯后，我对这句话充满感激。在我成为上司后，我也时常对部下提起这句话，让他们意识到“自己须对自己的成长负责”。因为无论上司给予的支持有多少，如自身没有这方面的觉悟，就不可能掌握任何技能。

上司的重要任务

每位职员都会为了工作而积极奋斗，为了给团队创造最大的收获及价值，首先必须明确每位职员的“使命”。宝洁会在职员年轻时便交付重要的工作给他们。

在附有名字的组织机构图中，宝洁还会添加上每位职员的业务“目标”及“使命”。即便是刚刚入社的新员工，也无一例外。每位被录取的职员都承载了公司对其完成使命的厚望，从他们入社的第一天开始，就必须担负起明确的责任。就算新员工对业务还不太熟悉，宝洁也会分派各种工作给他们。这与端茶倒水的想法截然不同。

一旦使命被明确，就意味着本人应该投入精力、努力奋斗的对象被明确了。为了让自己逐渐成长，从某种程度上说，使命就是一个自我挑战的良机。有了挑战，我们才会产生“勤奋向上”的意识，如此一来，无论对本人来说，还是对团队而言，都必将收获美满的结果。

从上司立场考虑的话，决定各职员的使命并非如纸上谈兵般简单。特别是当使命很难划分或存有很多不确定因素时，便会陷入难以抉择的境地。虽然对于使命的分配，职员本人也享有发言权，但上司的使命就是给部下定义简单明了的使命。这是上司的职责，因此必须慎重考虑。

高效传达

下面我想为大家介绍一个名为“指导”的概念。

这是发生在好几年前的事情，为了最大限度活用职员的能力，“指导”迎来了其再度在公司内部彻底实施的机会。以该构思为前提，上司要让“业务成功”及“培养年轻新手”这两项原本对立的目标变为现实。

在我看来，上司与部下接触的目的大致可归纳为三点，而指导便是其中之一。

1. 管理：部下作为团队的一员，为了充分发挥其机能，上司须给予其指示等。

2. 教育：把自身经验及知识传授给部下。

3. 指导：为了让工作顺利推进，上司须给予部下支持。

指导一词出现在运动界的频率较高。在运动界，创造成绩的是运动员，给予他们支持的是教练。虽然每个教练的指导方法各有千秋，但他们的最终目的都是为了让运动员创造出最好的成绩，获取成功。

工作运行的主体是职员，当大家以成功为目标时，上司要给予怎样的支持才能达到最好的效果呢？这还真是个难题。如没有一套实操性强的方法论做后盾，上司的支持很可能会变成纯粹的管理或单一的教导。将指导列为以上三点的中心，上司的方法论才能得以平衡。

所谓的指导，简单说就是“部下独自全面管理项目的做法”。即便上司没有要求，为了得到上司的中肯建议，部下也应告诉上司自己的想法及计划，然后再依靠自己的力量独立推进项目。

倘若上司不信任部下，这一方式是行不通的。对于重要项目，很多时候上司会选择亲自管理，让部下打下手，如若所有项目都这样的话，团队的整体能力将无法最大化。上司应适当给部下定义使命，如是普通项目的话，便可让部下担任主体；如是重要项目的话，上司则应充分发挥自身价值。这样做不但有利于项目有效推进，还能作出准确的判断，增加成功的可能性。

以前，宝洁的日本社长曾说过这样一句话：

“希望大家能够把自己作为信息的来源，加以利用。”

“希望大家能把我当成技术顾问，有事随时都可找我商谈，当然，要是能付咨询费给我就更好了。”

这句话意味着拥有丰富经验及知识的管理人员可以成为我们最坚强的后盾。即便课长、部长因立场的不同与部下发生争论，从某种程度上说，那也算是一种指导。在尽量让部下充分发挥的同时，上司也可通过各种方式明确自身价值。

成为培育人才的团队

想要成为培育人才的团队，就应让所有职员明白培育人才的重要性。

并不是单纯通过口述表达这一方式，而是在日常业务推进时，结合实际情况传达给对方，让它成为每位职员共有的价值观。

所谓的共同价值观，就是说没有人会就“对于企业来说，培育人才有多重要”这一问题发生议论，大家只须了解具体该做什么即可。

这是宝洁持续成长170余年的秘密，但并不是镶有魔法的秘诀，最最重要的是反复贯彻这一方针的决心。在反复贯彻的道路上，是否存有捷径呢？（图14，见下页）

图14 宝洁持续成长170余年的关键词（第五章小结）

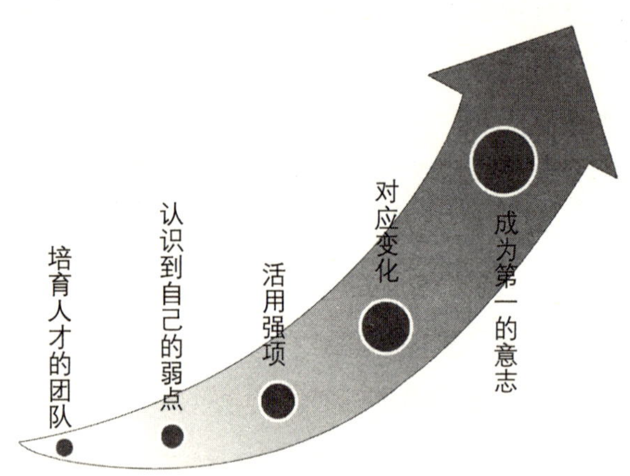

后记

通过“反复沟通”创造企业文化

在本书中，以“沟通能力”为关键词，我已向大家介绍了宝洁成功的秘密。沟通能力可以打造强大的企业文化。各文化的明确程度、是否具有说服力等，这些都与企业成功与否有着紧密的联系。

企业为了实现目标，就必须彻底反复提升职员的沟通能力。不管多么简单的事情，绝对不能以一次性沟通的方式草率了结。

继续正统派

对于读者来说，或许本书介绍的内容并不存在任何特别令人惊讶的地方。因为很多事情只要仔细思考一下，便会被认为是理所当然的，并快速被读者朋友们接受。

其实，这才是重点。宝洁之所以能够成功，与它始终坚持“正统”是密不可分的。换言之，正因为宝洁正统，所以才能赢得社会的支持，才能让每位职员团结一心。

坚定信念

当然，宝洁的发展也并不是始终一帆风顺。此时，“坚定”的重要性便显得尤为突出。坚定信念才能迎来曙光。宝洁的成功凝聚了所有职员的辛勤汗水。

今后的宝洁

在未来50年内，作为生产厂家的宝洁还将迎来更大的挑战。从环境保护的观点出发，为了社会可持续发展，宝洁不但要舍弃石油，还应全面调整战略。中国、俄罗斯、印度、巴西、非洲，乃至于世界经济地图都在发生着巨大的变化。

在这样的大趋势下，宝洁应将沉淀至今的企业文化贯彻到底，积极应对当前变化。“目标”及“信念”要像职员的DNA一样持续传承下去。今后，我还会继续一如既往地关注宝洁。

作者所想——走在新时代的道路上

不知本书介绍的宝洁思维模式及对策是否给那些在严峻环境下不得已接受挑战的企业带来了些许启示。下面我就为大家归纳几个重点。

*首先，须制定可持续发展的经营成长战略。在此之前，我们应自问是否是承担环境保护及基本社会责任的企业。今后，唯有给社会创造价值才能持续成长。作为企业，作为社会的一部分，我们应该做的“正确的事”是什么？我们要如何实践？重要的是，我们必须付诸行动。

*必须改变营销策略，并制订与消费者心理紧密结合的计划。

之前的集体营销路线已无法打动人心，为此，我们必须与社会建立多个接点，充分了解消费者的需求，制定一份Win-Win-Win的社会营销战略。

*人事方面，为了提高工作质量，必须挑起职员的工作干劲，并注意开发其技能。节约成本固然重要，但单纯削减人事费是无法解决经营问题的。作为经营资源重要的一部分，我们应尽量活用每位职员的潜在才能，并将其设置为重

点事宜。我们不仅要让年轻的新手尽快独当一面，还要让女性职员发挥出重要的战斗力。

*全球化是当下的必然趋势。为了成功走向全球化，企业团队该如何做？职员必须掌握的技能又有哪些？我们该如何培养职员的技能？所谓的全球化商务技能并不只是英语能力。

作为本书的作者，我希望有更多的企业能够根据自己的问题采取对策。我之所以选择离开宝洁，就是想为大家提供些许帮助。希望企业的成功可以为社会创造更好的明天。

我个人及我的新公司的社会使命就是支援更多企业走向成功。我真心期望能有更多企业活用宝洁的经验，为自己注入新鲜的能量。

Learnings

在本书开头部分我就已经讲述过，倘若各位读者能试着将我介绍的内容付诸实践的话，即便只是一部分内容，我也会感到无比欣慰。最后为大家介绍一下宝洁“Learnings”的格式，请大家一定试着用用看（表3，见下页）。

表3 Learnings格式

Learnings	Next Steps
（至多列举三个自认为有意义且应该学习的东西。）	（为了活用Learnings，应从什么开始？到何时为止？应该做什么？尽量具体列出。）
1）	1）
2）	2）
3）	3）

编后记

宝洁式经营力：沟通管理

管理者的最基本功能是发展与维系一个畅通的沟通管道。

——巴纳德

沟通管理（Communication Management）是企业组织的生命线。管理的过程，也就是沟通的过程。

著名组织管理学家巴纳德认为，“沟通是把一个组织中的成员联系在一起，以实现共同目标的手段”。没有沟通，就没有管理。沟通不良几乎是每个企业都存在的老毛病，企业的机构越是复杂，其沟通越是困难。往往基层的许多建设性意见未及反馈至高层决策者，便已被层层扼杀，而高层决策的传达，常常也无法以原貌展现在所有人员之前。

而本书的主题正是以宝洁作为案例，以实际经验来解答这一管理学上的经典难题。

高效团队：协作产生战斗力

决定公司成败主要有三个方面：1. 正确的战略决策。2. 创新的商业模式。3. 强有力的团队执行力。因此如何打造一支具有战斗力、凝聚力的团队非常重要。正如有人所说，现代的成功必然是一个团队的成功。

世上没有完美的个人，但一定有完美的团队。“团队”就是每个成员的知识结构、技术技能、工作经验达到合理的互补，并为了一个共同的目标，相互支持的群体。最优秀的人加起来不一定是最合适的，但最合适的人组合在一起一定是最优秀的团队。

经常会出现这样的情况，团队领导由于不知道如何建设高效团队，只好空喊口号：“我们一定要加强团队合作！”但员工的实际表现却远非管理者所想。企业成功的关键一定是让员工众志成城，调动起所有员工的积极性与潜能。因此，对一个企业来说，建设高效团队、提高其凝聚力显得尤为重要。

协调沟通：高效团队的润滑剂

沟通是形成领导力的基础。

团队没有默契，就不能发挥团队绩效，而团队没有交流沟通，也不可能达成共识。身为领导者，要能善用沟通的机会，甚至创造出更多的沟通途径，与成员充分交流。唯有领导者从自身做起，秉持对话的精神，有方法、有层次地激发员工发表意见与讨论，汇集经验与知识，才能凝聚团队共识。团队有共识，才能激发成员的力量，共同打造企业的未来愿景。正如英国管理学家L. 威尔德所说：管理者的最基本能力便是有效沟通。

没有沟通，就没有团队。

沟通的管理意义是显而易见的。如同激励员工的每一个因素都必须与沟通结合起来一样，企业发展的整个过程也必须依靠沟通。可以说，没有沟通，企业管理者就难以发挥自己的作用；没有顺畅的沟通，企业更谈不上凝聚力和战斗力。

建立渠道，避免沟通障碍

日本经营之神松下幸之助有句名言：企业管理过去是沟通，现在是沟通，未来还是沟通。

本书讲述了作者的宝洁工作生涯，并从一个企业高管的角度出发，分析了宝洁公司经营力之所在。通过对本书的阅读，您可以了解到宝洁企业最为“真实”的一面。它不仅拥有最为合理且独具匠心的思考方式，还拥有最具效果的内部沟通法则。这是宝洁成为超强公司的秘密，作者深信，它也一定能为各位读者带来有益的启迪。

图书在版编目（CIP）数据

宝洁高效团队管理课 /（日）高田诚著 ; 冷婷译
— 北京 : 中国华侨出版社，2013.6
ISBN 978-7-5113-3664-4

Ⅰ. ①宝… Ⅱ. ①高… ②冷… Ⅲ. ①日用化学品－化学工业－工业企业管理－经验－美国 Ⅳ. ①F471.267

中国版本图书馆CIP数据核字(2013)第116949号

宝洁高效团队管理课

著　　者：(日) 高田诚
译　　者：冷　婷
出 版 人：方　鸣
责任编辑：芝　兰
装帧设计：门乃婷工作室
经　　销：新华书店
印　　刷：北京慧美印刷有限公司
开　　本：889mm×1194mm　1/32　印张：6.5　字数：180千字
版　　次：2013年7月第1版　2013年7月第1次印刷
书　　号：ISBN 978-7-5113-3664-4
定　　价：32.00元

中国华侨出版社　北京市朝阳区静安里26号通成达大厦3层　邮编：100028
法律顾问：陈鹰律师事务所
发行部：（010）82068999　传真：（010）82069000
网　址：www.oveaschin.com
E-mail:oveaschin@sina.com

如发现图书质量问题，可联系调换。质量投诉电话：010-82069336